Moana Werschler

Mama, ich will Brokkoli!

Die leckersten
Rezepte von

miss broccoli
missbroccoli.com

Mehr Gemüse und Spaß: Gesunde Familienküche leicht gemacht

humboldt

Inhalt

Vorwort

Liebe Eltern,

ich lebe für die gesunde Ernährung und mir ist es sehr wichtig, dass meine Kinder ausgewogen essen. Ich glaube, so geht es vielen Eltern. Wer mich kennt, weiß, dass ich das mit einer Leichtigkeit und vielen schnellen Rezepten hinkriege. Deshalb habe ich auch 2016 meinen Blog missbroccoli.com ins Leben gerufen. Und genau deshalb gibt es nun dieses Buch: Damit auch du, wenn du es liest, ganz viel mitnehmen kannst, um euren Familienalltag gesünder und stressfreier zu gestalten. Lass dich also inspirieren und probiere neue Rezepte aus. Es wird euch bestimmt schmecken, mehr Gemüse auf dem Teller zu haben. Ich möchte dich auch dazu animieren, mehr pflanzenbasiert und mit weniger Zucker zu kochen.

Gesundes Essen beschäftigt mich schon lange. Bereits meine Großmutter legte Wert auf eine Vollwerternährung. Bei ihr gab es immer leckeres Dinkelbrot zum Frühstück, wir holten die Milch direkt beim Bauern und bei ihr lernte ich, Feldsalat zu lieben (den sie mit selbst gemachter Salatsoße und Ei zubereitete). Natürlich alles in Bioqualität. Sie vertraute auf Rohrzucker und Vollkornmehl und dementsprechend war ich es gewohnt, dunkle Spitzbuben zu Weihnachten zu essen. Bei ihr verbrachte ich auch viel Zeit im Gemüsegarten. Meine Mutter hat diese Lebensweise weitergeführt und es war für mich okay, wenn ich Hirsetaler aß, Buchweizen-Omelette oder andere Dinge, die viele meiner Freundinnen gar nicht kannten.

Zur vegetarisch-veganen Lebensweise kam ich nach und nach. Heute sind es insbesondere gesundheitliche Gründe, warum ich mich und meine Familie gesund ernähren möchte; aber auch die Nachhaltigkeit und das Tierwohl spielen eine große Rolle. Meiner Ansicht nach ist die pflanzenbasierte Ernährung die Ernährung der Zukunft.

Ich hoffe, du kannst aus diesem Buch einiges mitnehmen, um die Ernährung deiner Familie gesünder zu gestalten, ob du nun schon vegan oder vegetarisch lebst oder (noch) nicht. Ich gebe dir hilfreiche Inputs an die Hand, damit deine Kinder besser Gemüse essen. Du bekommst auch viele hilfreiche Tipps, wie du den hektischen Familienalltag ausgewogen und frisch gestalten kannst, ohne auf Fertigprodukte zurückgreifen oder jeden Tag dasselbe kochen zu müssen. Und du lernst in diesem Buch, wie man mit weniger Zucker den Alltag meistert. Ein weiteres Kapitel steht ganz im Zeichen der Nachhaltigkeit.

Wenn ich meine Kinder frage, welches Gemüse sie sich zum Abendessen wünschen, dann wollen sie meistens Brokkoli. Weil bei uns Gemüse immer auf dem Teller dabei ist, haben sie gelernt, es zu mögen. Und genau dies möchte ich mit meinen Rezepten und meinen Tipps weitergeben: wie man ohne viel Aufwand und lange in der Küche zu stehen einfache Gemüserezepte und gesunde Snacks zubereiten kann, die auch Kinder mögen.

Meine Rezepte sollen dich inspirieren und dir neue Horizonte eröffnen. Ich wünsche dir viel Spaß beim Ausprobieren und Testen!

Herzlichst

Moana

aka „Miss Broccoli“

Mein 1x1 der gesunden Kinderernährung

Wenn du dieses Buch in den Händen hältst, dann ist dir die gesunde Ernährung sicher wichtig. Vielleicht möchtest du deine Familie gesünder und mit mehr Gemüse ernähren, vielleicht mehr Sicherheit bekommen, ob du alles richtig machst. Vielleicht kommt bei euch Fleisch auf den Teller und du möchtest dich einfach inspirieren lassen, mehr vegetarisch oder vegan zu kochen. Alles, was du dazu wissen musst, erfährst du in diesem Kapitel.

So sieht eine ausgewogene Ernährung aus

Ungesunde Muster schleichen sich leicht ein, ohne dass wir es merken.

In vielen Familien wird die gesunde Ernährung spätestens mit dem Beikoststart zum Thema. Ab diesem Zeitpunkt machen sich die Eltern Gedanken, wie sie ihre Kinder ernähren wollen. Manche Vorsätze gehen allerdings mit den Monaten oder Jahren (oder durch das Verhalten des Kindes) verloren. Ungesunde Muster schleichen sich ein, und plötzlich realisiert man, dass doch nicht alles so gesund ist, wie man es sich wünscht. Die Kinder essen z. B. zu viel Süßes oder zu wenig Gemüse. Oder du merkst, dass du eigentlich nie Zeit hast, gesund zu kochen.

Eines möchte ich dir gern am Anfang mitgeben: Es ist nie zu spät, sich gesünder zu ernähren! Man kann jederzeit beginnen, die Ernährung gesünder zu gestalten, mit weniger Zucker und nährstoffreicheren Snacks. Auch wenn du dich einige Jahre eher ungesund ernährt hast, lohnt es sich immer. Du gibst den Kindern – egal wie alt sie sind – etwas für die Zukunft mit: Gesundheit und ein Verständnis für eine ausgewogene und nährstoffreiche Ernährung.

Die ersten 1000 Tage

Ernährung ist nicht nur Nahrungsaufnahme, sondern soll die Sinne ansprechen. Essen soll Spaß machen und natürlich auch Kraft und Energie liefern – gerade für Kinder im Wachstum. Wenn du vielseitig und farbig kochst, tust du nicht nur der Gesundheit deines Kindes einen Gefallen, sondern auch deinem Kind selbst, damit es weniger wählerisch wird und auch später gesund isst.

Gerade in den ersten 1000 Tagen prägt sich die Ernährung bei einem Kind. Studien zeigen, dass Kinder, die sehr vielseitig essen und viel verschiedenes Gemüse kennenlernen, später bessere Esser sind. Gesund von Anfang an ist so wichtig!

Zu einer gesunden Kinderernährung gehört auch genug Flüssigkeit, am besten stilles Wasser.

Eine vollwertige Ernährung enthält ab dem Beikoststart viele Ballaststoffe, Vitamine und Mikronährstoffe, komplexe Kohlenhydrate, verschiedene pflanzliche Proteinquellen und gesunde, hochwertige Fette und Öle. Zu einer gesunden Kinderernährung gehört auch genug Flüssigkeit, am besten stilles Wasser und ungezuckerter Kräuter- oder Früchtetee (mehr dazu auf Seite 89).

Nicht empfohlen für kleine Kinder sind:

- Weißmehl
- isolierter Zucker und gekaufte Süßigkeiten
- minderwertige Fette oder zu viel Fett im Allgemeinen

- stark verarbeitete Zutaten und Lebensmittel, Fertigprodukte
- Bei Kindern unter 12 Monaten sollte man bei tierischen Produkten sowie Salz sparsam sein (Quark, zähes Fleisch, Käse).

Die gesundheitlichen Vorteile

Eine gesunde und vollwertige Ernährung deckt alle Nährstoffe ab, die der Körper zum Leben braucht. Die Nährstoffe sollte man, wenn möglich, über die Ernährung erhalten.

Die ausgewogene Ernährung für Kinder unterscheidet sich nicht von derjenigen für Erwachsene, nur der Bedarf an Mikronährstoffen und natürlich der Bedarf an Kalorien ist unterschiedlich. Kinder profitieren genauso wie Erwachsene von einer vielseitigen und farbigen Ernährung.

Eine vollwertige und ausgewogene Ernährung …

- ist frisch und farbig – von allen Farben kommt regelmäßig etwas auf dem Teller,
- ist vielseitig und besteht aus viel Obst und Gemüse,
- verzichtet auf Fertigprodukte und verwendet möglichst wenig Industriezucker,
- besteht aus ungezuckerten Getränken wie Wasser oder ungesüßtem Tee,
- ist vorzugsweise regional und saisonal.

Für mich ist eine vegetarische oder vegane Lebensweise der gesündeste Weg. Ich möchte an dieser Stelle aber betonen, dass jede Familie selbst wählen sollte, ob und wie stark pflanzenbasiert sie leben möchte. Wer tierische Produkte wie Fleisch und Milchprodukte sowie Eier in seine Ernährung integriert hat, sollte auf eine gute Qualität und die Herkunft achten. Biete deinem Kleinkind möglichst keine verarbeiteten Lebensmittel wie Wurst, Aufschnitt, Fruchtjoghurt mit Zucker, Fruchtzwerge usw. an. Auch wenn ihr Fleisch, Käse oder Kuhmilch zu euch nehmt, kannst du dich durch dieses Buch inspirieren lassen.

Eine pflanzenbasierte Ernährung dient unserer Gesundheit. Unsere Gesellschaft hat sich in den letzten Jahrzehnten verändert, auch die Ernährung hat sich gewandelt. Das 20. Jahrhundert ist wohl prägend für Industrieprodukte und Fertigprodukte, und viele Menschen haben verlernt, frisch zu kochen. Heute ist es normal, sich von Fertigprodukten und hoch verarbeiteten Produkten zu ernähren. Die Industrie und die Werbung nutzen natürlich auch aus, dass Kinder lustige Kinderprodukte konsumieren wollen.

Dass Kinderprodukte zu viel Zucker und Zusatzstoffe enthalten, die der Körper nicht braucht, ist vielen nicht bewusst.

Dass darin aber zu viel Zucker und Zusatzstoffe sind, die der Körper nicht braucht, ist vielen nicht bewusst.

An jeder Ecke und in jedem Supermarkt gibt es die Möglichkeit, sich „ungesund“ zu ernähren. Die Werbung suggeriert zudem, dass diese Produkte gesund seien. Deshalb kauft man oft einfach Fertigpizza, Limonade und den gezuckerten Joghurt. Es soll schließlich schnell gehen, und frisch zu kochen bedeutet Aufwand.

Fazit: Unsere Gesellschaft ernährt sich nicht mehr gesund, wir kochen oft nicht mehr frisch, wir greifen auf Fertigprodukte und hoch verarbeitete Produkte zurück, wir essen zu viel Zucker, zu viele ungesunde Fette und zu wenig frisches Obst und Gemüse. Die Folgen sind bereits jetzt sichtbar: Die Menschen leiden unter Zivilisationskrankheiten wie Diabetes, Herz-Kreislauf-Erkrankungen, Übergewicht, Darmproblemen, Magen-Darm-Erkrankungen. Bei Kindern treten vermehrt Übergewicht, ADHS, Konzentrations- oder auch Verdauungsstörungen auf. Diese Zivilisationskrankheiten sind bei Menschen, die sich pflanzenbasiert ernähren, tatsächlich weniger zu finden.

Eine ausgewogene Ernährung besteht aus verschiedenen Nahrungsgruppen, und Gemüse und Obst gehören als eine wichtige Gruppe dazu. Aus folgenden Gründen ist es wichtig, Gemüse zu essen:

Gemüse enthält ...

- viele Ballaststoffe,
- Enzyme und sekundäre Pflanzenstoffe,
- sehr viele Vitamine und andere Mikronährstoffe,
- auch Eiweiß und Kohlenhydrate,
- aber relativ wenig Energie und Fett.

Vegetarisch und vegan ernährte Kinder nehmen mehr Ballaststoffe über Obst und Gemüse zu sich als mischköstlich ernährte Kinder.

Die WHO empfiehlt Erwachsenen, etwa 400 g Gemüse täglich zu essen. Eine andere Mengenangabe bietet das Konzept „5 am Tag“ und meint damit zwei Portionen Obst und drei Portionen Gemüse pro Tag (als eine Portion gilt eine Hand, z. B. eine Kinderhand für dein Kind).

Da unsere Ernährung meist zu wenig Ballaststoffe, aber oft zu viel Energie enthält, also Fette, ungesunde Kohlenhydrate oder Zucker, kann es deinem Kind bei zu wenig Gemüse an wichtigen Mineralstoffen und Vitaminen fehlen. Diese benötigt der Körper aber für alle seine Stoffwechselprozesse und gerade ein Kind im Wachstum ist darauf angewiesen, ausreichend versorgt zu werden.

Wenn ein Kind wenig bis kein Gemüse isst oder sich sehr einseitig ernährt, kann über die Jahre ein Mangel entsteht oder es leidet an Verstopfung. Isst dein Kind aber viel Obst und auch sonst relativ ausgewogen, dann kannst du entspannt sein, wenn es mal einige Wochen fast kein Gemüse isst. Auch Obst oder Vollkornprodukte enthalten sowohl Ballaststoffe als auch wichtige Nährstoffe.

Gesund und vielseitig von Anfang an Ich kann es nicht genug betonen: Es lohnt sich, die Kinder von Anfang an (dann, wenn sie noch wenig wählerisch sind) an eine Vielfalt und an viel Gemüse zu gewöhnen. Auch Kinder, die schon in der Beikost sehr vielseitig gegessen haben, können wählerisch werden, aber meist ist die Phase dann weniger ausgeprägt.

So gelingt der Einstieg

Wenn du dich und deine Kinder gesund und ausgewogen ernähren möchtest, kommst du also nicht um Gemüse und Obst herum, egal ob ihr euch vegetarisch, vegan oder mischköstlich ernährt. In Gemüse und Obst stecken sehr viele wichtige Nährstoffe, Vitamine, Mineralstoffe, Ballaststoffe und sekundäre Pflanzenstoffe. Wenn dir die Nährstoffversorgung wichtig ist, solltest du auf die „5 am Tag" achten, das heißt, drei Portionen Gemüse und zwei Portionen Obst.

Wenn dir die Nährstoffversorgung wichtig ist, gilt: drei Portionen Gemüse und zwei Portionen Obst am Tag. 1 Portion = 1 Kinderhand

Wenn die Eltern Gemüse nicht mögen, warum sollten es dann die Kinder tun? Vorbild zu sein, ist ein wichtiger Punkt: Wenn du möchtest, dass deine Kinder Gemüse lieben, achte darauf, dass das Essen von Gemüse und Obst nicht mit etwas Negativem, sondern mit Spaß verbunden ist Hast du aus deiner Kindheit schlechte Erinnerungen an das Gemüse- oder Obstessen? Dann versuche, dich ans süßliche Gemüse heranzutasten. Auch Erwachsene können überdurchschnittlich gute Geschmacksknospen haben (man nennt sie „Supertaster"), siehe Seite 51.

Wenn du Gemüse magst, umso besser! Dann achte auf noch mehr Farben auf dem Teller, probiere neue Rezepte mit Gemüse, das du noch nicht so gut kennst, und kreiere z. B. leckere Desserts mit Obst. Iss das Obst und Gemüse mit den Kindern und zeig ihnen, wie du es magst.

Es ist wichtig, dass bei dieser Ernährungsänderung deine Familie eingeweiht ist und der Partner oder die Partnerin mitmachen. Sollte dein Partner unsicher sein, überlegt euch einen Mittelweg. Es gibt Modelle, bei denen ein Elternteil auswärts noch Fleisch isst, zu Hause aber nur vegetarisch. Wichtig ist, dass ihr darüber sprecht und einen Weg findet, der für alle passt.

Mehr Gemüse auf dem Teller ist immer gut! Ihr als Eltern habt hier auch eine Vorbildfunktion.

Ernährst du dich schon seit Jahren vegetarisch, gibt dir dieses Buch noch einmal eine neue Sicht auf die wichtigen Nährstoffe. Aus meiner Erfahrung wissen vegan lebende Eltern sehr gut, auf welche Nährstoffe sie achten sollten, vegetarische Eltern hingegen informieren sich eher weniger und lassen oft einfach das Fleisch weg. Dabei gibt es sowohl bei der veganen wie auch der vegetarischen Ernährung einige Mikronährstoffe, die kritisch sein können.

Wenn du nicht weißt, wo du pflanzliche Proteine, gute pflanzliche Eisenquellen und Fleischalternativen findest, dann erhältst du von mir viele Informationen, aber auch einfache, schnelle Rezepte zum Ausprobieren. Lerne neue Produkte kennen, kaufe dir Kichererbsen, Falafel, Tofu oder Fleischersatz aus Erbsenprotein und probiere aus, was euch schmeckt.

Hauptsache bewusst leben und genießen Es ist absolut okay, ab und zu Fleisch, Eier oder Milchprodukte zu kaufen. Wähle sie aber mit Sorgfalt aus und achte auf Herkunft und Produktionsart..

Kaufe z. B. Eier aus Bio- oder zumindest Freilandhaltung. Rohmilchkäse ist unverarbeiteter als hoch verarbeiteter Scheibenkäse, und Fleisch sollte wenn möglich aus biologischer Tierhaltung stammen und unverarbeitet sein (also keine Wurst). Wenn du Kuhmilch kaufst, dann achte auf Bioqualität und meide UHT-Milch, denn sie enthält am wenigsten Nährstoffe.

Nährstoffe in Balance

Der Mensch, insbesondere ein Kind, braucht Mikro- und Makronährstoffe für alle Stoffwechselprozesse.

Man unterteilt Lebensmittel in Makro- und in Mikronährstoffe. Der Mensch braucht diese Nährstoffe für all seine Stoffwechselprozesse, und insbesondere Kinder im Wachstum sollten gut damit versorgt werden, egal ob bei vegetarischer oder mischköstlicher Ernährung.

Das sind die drei Makronährstoffe:

- Kohlenhydrate liefern Energie, aber auch Ballaststoffe (sofern es komplexe Kohlenhydrate sind). Sie sind wichtig für viele Stoffwechselvorgänge, besonders für Muskeln und Gehirn.
- Fette sind wichtig für den Aufbau der Zellen, sie schützen Organe durch Fettpolster, dienen der Aufnahme der fettlöslichen Vitamine A; D, K, E und können auch Energie liefern: Sie haben mehr als doppelt so viele Kalorien wie Kohlenhydrate und Eiweiße.
- Eiweiße sind ebenfalls Baustein für alle unsere Zellen, aber auch für Hormone, und sind an vielen Stoffwechselprozessen beteiligt.

Die Aufteilung der Makronährstoffe auf dem Teller sollte nach aktuellen offiziellen Empfehlungen in etwa wie folgt aussehen:

- 55 % komplexe Kohlenhydrate
- 15–20 % Proteine
- 25–30 % hochwertige Fette und Öle

Eiweiße werden auch Proteine genannt.

Diese Angaben sind ein Richtwert, das heißt, du musst die Makronährstoffe weder abwiegen noch genau diese Aufteilung auf den Teller bekommen. Viel wichtiger ist eine ausgewogene, vielseitige Ernährung.

Das sind die Mikronährstoffe:

- Vitamine
- Mineralstoffe
- Spurenelemente

Mikronährstoffe liefern nicht wie die Makronährstoffe direkte Energie, sie sind aber an sehr vielen Stoffwechselprozessen beteiligt und unabdingbar für das Wachstum und die Aufrechterhaltung chemisch-biologischer Vorgänge in unserem Körper.

Kohlenhydrate und Ballaststoffe

Kohlenhydrate sind ein wichtiger Energielieferant. Die verschiedenen Kohlenhydrate bestehen aus verschiedenen Zuckermolekülketten: Einfache Kohlenhydrate (Weißmehl, isolierter Zucker) werden vom Körper schneller in Einfachzucker aufgespalten und gehen somit schneller ins Blut. Langkettige Kohlenhydrate oder komplexe Kohlenhydrate benötigen länger bei der Aufspaltung in die Einfachzucker, da sie mehrere Zuckerketten enthalten. Sie lassen daher den Blutzuckerspiegel weniger schnell ansteigen. Deshalb sollte man komplexe Kohlenhydrate wie Vollkorn wählen, sie sättigen auch besser und hemmen Heißhunger.

Komplexe Kohlenhydrate sind enthalten in Vollkorngetreide, Kartoffeln, Vollkornreis, Mais, Hirse, Obst, Hülsenfrüchten wie Linsen und Bohnen, Quinoa, Amaranth, Buchweizen.

Komplexe Kohlenhydrate wie Vollkorn sättigen besser und hemmen Heißhunger.

Ballaststoffe, die ebenfalls zu den komplexen Kohlenhydraten gehören, sind weitgehend unverdauliche Nahrungsbestandteile, die vorwiegend in pflanzlichen Lebensmitteln vorkommen. Heute essen die meisten Menschen zu wenig davon, dabei sind sie enorm wichtig für unser Immunsystem und für eine gute Verdauung. Da ca. 80 % des Immunsystems im Darm sitzen, solltest du vermehrt auf Ballaststoffe achten, denn sie füttern unsere Darmflora, auch Mikrobiom genannt: Die Pflanzenfasern gelangen unverdaut in den Dickdarm und nähren dort die guten Darmbakterien – ein guter Grund, mehr Gemüse und vollwertige Produkte zu essen.

Ballaststoffe sind insbesondere in Vollkornprodukten sowie in Obst, Beeren und Gemüse enthalten.

Sekundäre Pflanzenstoffe

Sekundäre Pflanzenstoffe haben einen positiven Einfluss auf viele Stoffwechselprozesse im Körper.

Damit sind Farb-, Duft- und Aromastoffe in Pflanzen gemeint. Sie dienen den Pflanzen oft als Abwehr gegen Fressfeinde (z. B. die grüne Farbe Chlorophyll im Spinat, Sulfide in der Zwiebel, Saponine in den Hülsenfrüchten, Bitterstoffe, die orangenfarbenen Carotinoide, Polyphenole, Lektine, Phytinsäure, Flavonoide). Den sekundären Pflanzenstoffen werden viele gute Eigenschaften zugerechnet, sie haben einen positiven Einfluss auf viele Stoffwechselprozesse im Körper.

Sekundäre Pflanzenstoffe finden sich vor allem in Gemüse, Obst, Nüssen oder Getreide.

Omega-3-Fettsäuren

Unser Körper braucht gute Fette und Öle, ohne könnte er nicht überleben. Omega-3-Fettsäuren gelten als gute Fette; sie sind in Rapsöl, Leinöl, Walnuss- oder Hanföl enthalten. Der Körper benötigt die Omega-3-Fettsäure Docosahexaensäure DHA sowie die Omega-3-Fettsäure Eicosapentaensäure EPA für die Entwicklung von Gehirn, Augen und die Zellen, für die Haut und diverse Stoffwechselprozesse.

Viele vegan lebende Menschen nehmen Leinöl zu sich, dies reicht allerdings nicht aus, um den Omega-3-Fettsäurenbedarf mit DHA und EPA zu decken. Der Körper kann zwar aus Leinöl oder aus Walnüssen DHA und EPA selber umwandeln, die Umwandlungsrate ist jedoch sehr beschränkt. Deshalb wird empfohlen, DHA und EPA in Form eines angereicherten Algenöls (oder Fischöls) als Supplement einzunehmen, wenn man nicht regelmäßig fetten Meeresfisch isst.

Der Körper braucht übrigens beide essenziellen Omega-6- und Omega-3-Fettsäuren, jedoch ist dabei das optimale Verhältnis von etwa 4:1 wichtig. Meist nehmen wir durch eine falsche Ernährung (zu viele Fertigprodukte, Sonnenblumenöl usw.) zu viele Omega-6-Fettsäuren und zu wenige Omega-3-Fettsäuren zu uns. Ein Übermaß an Omega-6-Fettsäuren fördert Entzündungen im Körper. Gut zu wissen: Olivenöl gilt auch als gutes Öl, denn es enthält viele Omega-9-Fettsäuren.

Du hast es in der Hand! Was wir in der Kindheit lernen, nehmen wir ins Erwachsenenalter mit! Mit einer gesunden, vollwertigen Küche tun wir nicht nur etwas gegen den Klimawandel und für unsere Gesundheit, sondern legen den Grundstein für ein gesundes Aufwachsen, ein gut funktionierendes Immunsystem sowie eine gesunde Darmflora unserer Kinder. Wir Eltern haben es in der Hand, wie die Entwicklung unserer Kinder verläuft! Dazu gehört eine ausgewogene frische Ernährung mit viel Obst und Gemüse und mit so wenig Weißmehl, Zucker und Fertigprodukten wie nur möglich.

Eiweiße (Proteine)

Eiweiße benötigt unser Körper für sehr viele Prozesse. Eiweiße sind in Muskeln, im Bindegewebe, in den Organen enthalten, Kinder benötigen sie unter anderem für ein gesundes Wachstum.

Aminosäuren sind die Bausteine der Proteine. Von den 20 verschiedenen Aminosäuren, die wir benötigen, um Proteine zu bilden, kann der Körper acht (bei Säuglingen neun) nicht selbst herstellen, wir müssen sie also über die Nahrung aufnehmen. Man nennt diese acht Aminosäuren auch essenzielle Aminosäuren.

Aminosäuren sind die Bausteine der Proteine. Nicht alle kann der Körper selbst herstellen.

Proteine kannst du ganz einfach über pflanzliche Quellen (Vegetarier auch über Milchprodukte) decken. Hülsenfrüchte sind eine sehr gute Proteinquelle, daher empfehle ich, mehr davon zu essen. Die nachfolgenden Proteine sind für Kinder wie Erwachsene gut geeignet.

Pflanzliche Proteinquellen:

- Sojageschnetzeltes oder -hack (gekühlt oder getrocknet)
- Tofu, Räuchertofu aus Sojabohnen
- Hülsenfrüchte wie rote Linsen, Berglinsen, Kidneybohnen oder Kichererbsen
- Linsenpasta, Kichererbsennudeln
- Seitan, Tempeh und weitere vegane Fleischersatzprodukte
- Produkte auf Basis von Erbsenprotein (Hack, Geschnetzeltes)
- Hack aus Sonnenblumeneiweiß
- Nussmus, Nüsse und Samen (Kürbiskerne, Leinsamen, Sesam, Hanfsamen)
- Vollkornhaferflocken, Vollkornbrot, Vollkornnudeln
- Hirse, Quinoa, Amaranth, Buchweizen
- Produkte aus Lupinen
- Sojaquark, Soja-Skyr
- Pilze, Edamame, Kartoffeln, Brokkoli und Spinat

Hülsenfrüchte, Getreide und Nüsse einweichen Hülsenfrüchte enthalten viel Phytinsäure, die die Verwertbarkeit von Mineralstoffen mindern kann. Getreide und Nüsse können einen höheren Anteil davon enthalten. Weiche die Hülsenfrüchte oder Getreide über Nacht ein, um den Phytingehalt zu verringern. Auch Nüsse kann man einweichen und wieder trocknen lassen, um sie bekömmlicher zu machen.

Vegetarische Proteinquellen:
- Quark
- Joghurt
- Skyr
- Hüttenkäse
- Käse, Frischkäse
- Eier

Inzwischen kann man Fleischersatzprodukte auf pflanzlicher Basis kaufen. Nicht nur im Bio-Supermarkt gibt es ein breites Angebot an veganen oder vegetarischen Fertigprodukten.

Achte bei diesen Produkten auf die Zutatenliste: Alles, was paniert ist, wurde stark verarbeitet und enthält unnütze Zusatzstoffe oder zu viel Salz.

Proteine richtig kombinieren

In einer abwechslungsreichen Ernährung sollten verschiedene Proteinquellen zum Zuge kommen.

Pflanzliche Aminosäuren enthalten nicht immer alle essenziellen Aminosäuren in einem optimalen Verhältnis. Deshalb ist es wichtig, dass in einer abwechslungsreichen Ernährung verschiedene Proteinquellen zum Zuge kommen, um alle lebenswichtigen Aminosäuren aufzunehmen.

Koche nicht fünfmal die Woche mit Tofu, sondern verwende unterschiedliche Proteinquellen und kombiniere sie immer auch mit Vollkorngetreide, anderen Hülsenfrüchten, Nüssen. Die richtige Kombination erhöht das Aminosäurenprofil und somit die Aufnahme im Körper. Kombiniere also:
- Getreide und Hülsenfrüchte (z. B. Reis mit Bohnen)
- Kartoffeln und Ei
- Getreide und Ei
- Kartoffeln und Milchprodukte
- Hülsenfrüchte und Nüsse
- Quinoa und Vollkorngetreide oder Tofu
- Mais und Bohnen
- Haferflocken und Nüsse

Pseudogetreide: Immer gut waschen Quinoa ist ein guter Proteinlieferant, es enthält aber den bitteren Pflanzenstoff Saponin (Gerbstoff). Amaranth und Quinoa enthalten zudem Oxalate und Phytate, die möglicherweise Auswirkungen auf die Nieren haben – dazu gibt es noch wenige Studien. Mein Tipp: Wasche das Pseudogetreide vor dem Kochen gut. Achte auf geschälten Quinoa und auf ein Qualitätsprodukt. In Südamerika haben Quinoa und Amaranth eine lange Tradition. Man empfiehlt sie offiziell für Kinder ab zwei Jahren.

Sind Superfoods für Kinder geeignet?

Superfoods sind Lebensmittel mit hoher Nährstoffdichte, die reich an Mineralstoffen, Vitaminen und sekundären Pflanzenstoffen sind und keine negativen Eigenschaften aufweisen. Sie sind in jedem Lebensalter wichtig, man sollte mehr davon essen!

Superfoods gibt es aus exotischen Regionen, aber auch lokal und saisonal angebaut. Oft liest man von Chiasamen, Goji- oder Acai-Beeren. Ich empfehle allerdings, öfter auf regionale Superfoods zurückzugreifen. Folgende sind für Kinder gut geeignet und ergänzen die nährstoffreiche Ernährung:

- Brokkolisprossen
- Brokkoli, Grünkohl
- Sonnenblumenkerne
- Kürbiskerne
- Beeren
- Kräuter wie Basilikum und Oregano
- Karottengrün oder die Blätter von Kohlrabi, Rote Bete usw.
- Leinsamen (in kleinen Mengen)
- Gerstengras und Weizengras

Superfoods, die nicht bei uns wachsen, die ich aber wichtig finde, sind:

- Sesam
- Mandeln
- Algen
- roher Kakao

Kritische Nährstoffe

Kinder wie Erwachsene benötigen verschiedene Makro- und Mikronährstoffe, um zu wachsen, gesund zu bleiben und sicherzustellen, dass der Körper richtig funktioniert. Es gibt keine Nährstoffe, die nicht wichtig sind, aber der Bedarf ist unterschiedlich und je nach Ernährungsform gibt es kritische Mikronährstoffe, auf die man besonders achten sollte.

Die vegetarische Kinderernährung ist inzwischen von den meisten Ernährungsgesellschaften akzeptiert.

Die vegetarische Kinderernährung ist inzwischen von den meisten Ernährungsgesellschaften akzeptiert. Bei der veganen Ernährung für Kinder ist man sich noch uneinig. Ich selbst kenne viele Beispiele und weiß, dass eine rein pflanzliche Kinderernährung problemlos möglich ist. Es gibt mittlerweile auch Studien, die dies unterstreichen (z. B. die VeChi-Youth-Studie aus dem Jahr 2018 der Deutschen Gesellschaft für Ernährung): Vegan lebende Familien beschäftigen sich oft intensiver mit der Ernährung und den Mikronährstoffen als viele vegetarisch lebende Familien.

Kinder benötigen genauso wie Erwachsene alle Mikronährstoffe – sie sind sogar essenziell für ihr Wachstum. Nur je nach Ernährungsform können nicht alle so einfach über die Ernährung gedeckt werden.

Wichtig zu wissen: Kinder benötigen Eisen und kein Fleisch, wie sie auch Kalzium benötigen, nicht aber unbedingt Kuhmilch. Viele Mikronährstoffe können über pflanzliche Quellen gedeckt werden. Es ist deshalb problemlos möglich, sein Kind vegetarisch oder auch vegan zu ernähren, wenn man sich ausgiebig mit den Lebensmitteln und den Mikronährstoffquellen befasst. Auch eine Ernährungsberatung kann helfen, wenn du genauer wissen möchtest, wie du die Mikronährstoffe optimal abdeckst.

Übrigens: Eisenmangel kann auch bei Menschen auftreten, die Fleisch essen. Und bei Jod, Kalzium, B2, Omega 3, Selen oder Vitamin D3 geht man davon aus, dass große Teile der Bevölkerung (somit auch alle Kinder) eher zu wenig zu sich nehmen, egal wie sie sich ernähren.

Kritische Nährstoffe im Überblick

Potenziell kritische Nährstoffe bei vegetarischer Ernährung:

- Vitamin D3
- (Kalzium)
- Eisen
- Jod
- (Zink)
- Selen
- Omega-3-Fettsäuren DHA und EPA
- Vitamin B2

Ich empfehle allen Kindern jeden Alters, in den Wintermonaten Vitamin-D3-Tropfen zu nehmen.

Kalzium oder Zink können kritisch sein, je nachdem, wie wenig Milchprodukte das Kind zu sich nimmt. Vitamin B12 und Eisen können zu einem Mangel werden, wenn das Kind kein Fleisch und keine Eier isst.

Potenziell kritische Nährstoffe bei veganer Ernährung:

- Vitamin D3
- Kalzium
- Eisen
- Jod
- Zink
- Selen
- Omega-3-Fettsäuren DHA und EPA
- Vitamin B2
- Vitamin B12

Eisen und Kalzium

Ich werde sehr oft von vegetarischen oder veganen Eltern gefragt, wie sie den Eisen- oder Kalziumbedarf bei ihrem Kind decken sollen – eine wichtige Frage, denn wer sich pflanzenbasiert ernährt, sollte auf diese zwei Mikronährstoffe besonders achten.

Wer sich pflanzenbasiert ernährt, sollte auf Eisen und Kalzium besonders achten.

Es gibt Kinder, die von sich aus sehr wenig Fleisch essen, obwohl sie das Angebot hätten. Bei diesen Kindern solltest du auf die pflanzlichen Alternativen zurückgreifen, um einen Mangel zu verhindern. Wenn dein Kind von sich aus keine bis sehr wenig Milchprodukte isst, empfehle ich, zuerst eine Unverträglichkeit abzuklären. Beim Thema Kalzium ist außerdem gut zu wissen, dass der Körper für das Wachstum von Knochen und Zähnen nicht nur das Kalzium benötigt, sondern eine Kombination von Kalzium,

Vitamin D3, Magnesium und Vitamin C, damit das Kalzium optimal in die Knochen und Zähne eingelagert wird.

Im Folgenden nenne ich einige Kombinationen, mit denen du den jeweiligen Bedarf gut decken kannst.

Eisenreiche Gerichte:

- Frühstücksmüsli mit Hafer- und Hirseflocken, Mandelmilch oder Hafermilch, frischem Obst oder Apfelmus und gemahlenen Kürbiskernen
- Linsen-Kartoffel-Suppe mit frischen Früchten zum Dessert (oder Linsen-Kartoffel-Puffer mit Apfelmus)
- Vollkornbrot mit Mandelmus und dazu einige Apfelschnitze oder ein halbes Glas Orangensaft
- Smoothie mit Orange, Spinat, Kürbiskernen und Haferflocken
- Energyballs mit Datteln, Mandeln, Kürbiskernen, Dörrfrüchten

Kalziumreiche Gerichte:

- Frischkäse mit Vollkornbrot
- kalziumangereicherter Sojajoghurt oder Naturjoghurt mit Mandelmus, Vollkornhaferflocken, Obst und Kernemix
- gebratener Tofu (darauf achten, dass Kalziumsulfat als Gerinnungsmittel enthalten ist) mit Sesamkruste und Spinat oder Kohlgemüse
- Brokkoli-Weißkohl-Grünkohl-Pfanne mit Vollkornnudeln und Mandelspänen
- Hummus mit Tahin und Brokkoli oder Weiße-Bohnen-Dip mit Gemüsesticks

Tipp Kalzium und Eisen behindern gegenseitig die Aufnahme, der Körper kann sie nicht gleichzeitig optimal verwerten. Achte daher darauf, dass eine eisenreiche Mahlzeit nicht gleichzeitig mit viel Kalzium eingenommen wird.

Das Bundeszentrum für Ernährung (BzfE) hat eine Ernährungspyramide entworfen, die eine optimale vegetarische Ernährungsweise abbildet. Dabei wird der Baustein „Fisch, Fleisch, Wurst und Ei“ gegen einen neuen Baustein ausgetauscht, der Hülsenfrüchte und ein Ei zeigt. Das BfzE sagt dazu: „Ein gut durchdachter vegetarischer Speiseplan kann alle lebensnotwendigen Nährstoffe in ausreichender Menge liefern.“

Die vegetarische Ernährungspyramide

Nahrungsergänzungsmittel – ja oder nein?

Bevor du zu Nahrungsergänzungsmitteln greifst, möchte ich nochmals unterstreichen, wie wichtig eine gesunde, ausgewogene und frische Ernährung ist. Mit ihr werden schon sehr viele Mikronährstoffe abgedeckt. Je nach Ernährungsform ist es aber sinnvoll oder sogar notwendig, einzelne Mikronährstoffe zusätzlich zu nehmen.

Je nach Ernährungsform ist es sinnvoll oder sogar notwendig, einzelne Mikronährstoffe zusätzlich zu nehmen.

Auch in bestimmten Lebensphasen ist es besonders wichtig, genügend Mikronährstoffe zu sich zu nehmen, z. B. nach einer längeren Krankheit, bei einem nachgewiesenen Mangel oder wenn ein Kind enorm eingeschränkt isst. Ich empfehle dir, hier auf hochwertige Varianten zurückzugreifen und keine Präparate aus dem Supermarkt oder gar Vitamin-Gummibärchen zu verwenden. Die Gummibärchen setzen meiner Meinung nach ein falsches Zeichen: Man unterscheidet dann zwischen den „guten" Gummibärchen und den „schlechten".

Vermeide es auch, einfach irgendwelche Multivitaminprodukte zu kaufen nach dem Motto „Viel hilft viel", denn die Gefahr einer Überdosierung ist groß.

Wenn man sich vegetarisch oder vegan ernährt, sollte man sich also mit den kritischen Nährstoffen auseinandersetzen und besonders darauf achten, dass sie über die Ernährung oder mit einem Supplement spezifisch gedeckt werden. Übrigens: Einige Nährstoffe werden in der pflanzenbasierten Ernährung sogar besser gedeckt (z. B. Vitamin C, Folat, Magnesium, Kalium), man nimmt zudem weniger gesättigte Fettsäuren, dafür aber mehr Ballaststoffe und Antioxidantien sowie sekundäre Pflanzenstoffe zu sich.

Für den konkreten Bedarf und die Dosierung gibt es gute Ratgeber oder spezialisierte Ernährungsberater.

Für den konkreten Bedarf und die Dosierung gibt es gute (vegane) Ratgeber. Es lohnt sich auch, einen Termin mit einem auf pflanzenbasierte Ernährung spezialisierten Ernährungsberater oder einer Ernährungsberaterin zu vereinbaren, um die notwendigen Supplemente individuell zu besprechen. Damit bekommst du mehr Sicherheit, auch gegenüber deinem Umfeld, wenn dieses die vegetarische oder vegane Ernährung ablehnt. Häufig kann auch der Kinderarzt oder die Kinderärztin weiterhelfen.

Wann Supplementierung sinnvoll ist:

- Lege besonderes Augenmerk auf die bei Veganern, aber auch Vegetariern potenziell kritischen Vitamine und Mikronährstoffe **Zink, Jod, Kalzium, Eisen, B2, B12 und Selen**. Wenn du weißt, worin sie enthalten sind, ist eine pflanzenbasierte Ernährung problemlos möglich.
- **Vitamin B12** sollte in der veganen Ernährung ab Beikostalter als Präparat eingenommen werden. Wenn dein vegetarisch ernährtes Kind wenige Milchprodukte isst, macht ein Bluttest Sinn, um den Vitamin-B12-Status zu messen und einen möglichen Mangel zu erkennen.
- Da Vegetarier und Veganer keinen Fisch essen, empfehle ich unbedingt die Einnahme eines **DHA-/EPA**-angereicherten **Omega-3-Öls**.
- **Vitamin D3** sollten alle Kinder als Tropfen einnehmen, zumindest in den Wintermonaten (von September bis April), möglichst in Kombination mit Vitamin K, da sich die beiden Vitamine ergänzen.
- Den **Proteinbedarf** mit pflanzlichen Quellen zu decken ist meistens problemlos möglich. Achte darauf, deinem Kind täglich Proteinquellen anzubieten.

Regelmäßig Blutwerte testen Gerade bei der veganen, aber auch bei der vegetarischen Ernährung lohnt es sich, in regelmäßigem Abstand die Blutwerte des Kindes zu testen, um den Versorgungsstatus zu prüfen. Nur so weißt du, ob du alles richtig machst mit der Ernährung und den Supplementen. Am besten besprichst du dies mit dem Kinderarzt oder der Kinderärztin.

Natürliche Nährstoffquellen im Überblick

Im Folgenden nenne ich die Lebensmittel, die die für Kinder und Erwachsene notwendigen Mikronährstoffe enthalten. Du wirst bemerken, dass du den Bedarf an den meisten Nährstoffen komplett aus pflanzlichen Quellen decken kannst.

Wichtige Nährstoffe und in welchen Lebensmitteln sie vorkommen

Vitamin A	Kommt nur in tierischen Produkten vor, auch in Milchprodukten und Eigelb. Die Vorstufe des Vitamins A ist das Betacarotin, das in gelborangenem oder rotem sowie dunkelgrünem Obst und Gemüse vorkommt: Pfirsich, Aprikosen, Melone, Mango, Karotten, Kürbis, Süßkartoffeln, Grünkohl, Spinat, rote Paprika, Feldsalat, Spinat, Mangold, Fenchel. Es ist ein fettlösliches Vitamin und sollte mit etwas Fett oder Öl eingenommen werden, damit der Körper es aufnehmen kann.
Vitamin B1	Vollkorngetreide (vor allem Haferflocken), Erbsen, Sprossen, Rosenkohl, Kürbis, Lauch, Erbsen, Brokkoli, Kartoffeln, rote Bete
Vitamin B2	Nüsse wie Mandeln, Sojabohnen, Hefeflocken, Champignons, Tempeh, Hülsenfrüchte, Vollkorngetreide, Kürbiskerne, Leinsamen, angereicherte Pflanzendrinks, Avocado, Brokkoli, Rosenkohl, Birnen, rote Bete
Vitamin B3	Erdnüsse, Steinpilze, Grünkohl, Brokkoli, Topinambur, Trockenfrüchte, Kürbiskerne, Vollkorn, Kleie, Hülsenfrüchte, Kartoffeln
Vitamin B5	Eigelb, Milch, Haferflocken, Naturreis, Weizenkleie, Nüsse, Hefe, Hülsenfrüchte (vor allem Erdnüsse), Pilze
Vitamin B6	Sesam, Walnüsse, Brokkoli, Hülsenfrüchte, Vollkorn, Hirse, Kartoffeln, Tomaten, rote Bete, rote Paprika, Karotten, Orangensaft, Kürbis, Äpfel, Bananen
Vitamin B7	Sojabohnen, Vollkornreis, Hefe, Haferflocken, Nüsse
Vitamin B9	Weizenkeime, Hülsenfrüchte (vor allem Erbsen), dunkelgrünes Gemüse, Kohlgemüse, Eigelb, Vollkorn (vor allem Haferflocken), Nüsse, Hefe, Erdbeeren, Orange, Birnen, Trauben, Zwiebeln, Pastinaken
Vitamin B12	ausschließlich in Fleisch, Ei, Milchprodukten wie Joghurt, Milch, Käse

▶▶

Vitamin C	Obst (besonders in Sanddornbeere, schwarzer Johannisbeere aber auch Erdbeeren, Orange, Kiwi), Brokkoli, Fenchel, Paprika, Grünkohl, Sprossen
Vitamin D	Der Körper bildet es aus dem Sonnenlicht. Ist in kleinen Mengen in Ei, in Milchprodukten, Pilzen sowie Fisch und Meerestieren enthalten. Vitamin D solltest du in den Wintermonaten supplementieren. Da es ein fettlösliches Vitamin ist, sollte es mit etwas Fett oder Öl eingenommen werden.
Vitamin E	Sonnenblumenöl, Olivenöl, Weizenkeimöl, Nüsse, Mandeln, Leinsamen, Sprossen. Ich empfehle hier ein natives Olivenöl als Quelle.
Vitamin K	Spinat, Brokkoli, Blumenkohl, Grünkohl, Rosenkohl, Mangold, Feldsalat, Kräuter, Sauerkraut, Portulak, Hagebutten. Es ist ein fettlösliches Vitamin, daher sollte es mit etwas Fett oder Öl eingenommen werden.
Omega-3-Fettsäuren	Fisch. DHA und EPA sind die wichtigen Omega-3-Fettsäuren, die der Körper auch aus Omega-3-Fettsäuren von Leinöl, Rapsöl bilden kann. Die Umwandlungsrate ist aber klein, deshalb ist ein Supplement in den meisten Fällen empfohlen.
Kalzium	Milchprodukte, kalziumreiches Mineralwasser, dunkelgrünes Gemüse (Grünkohl, Spinat, Mangold, Brokkoli), Mandeln, Kürbiskerne, Tahin (Sesammus), Sojagranulat, Tofu (wenn mit Kalziumsulfat hergestellt), Chiasamen, angereicherte Pflanzendrinks und Joghurts
Jod	in jodiertem Speisesalz oder z. B. Nori-Algen sowie Fisch. Weiter in ganz kleinen Mengen enthalten in grünem Blattgemüse, Brokkoli, Erdnüssen, Cashews, Champignons und Kürbiskernen, diese reichen aber nicht aus, um den Bedarf zu decken.
Zink	Sesam, Mandeln/Mandelmus, Erdnüsse, Kürbiskerne, Sonnenblumenkerne, Leinsamen, Haferflocken, Vollkorngetreide, Linsen, Kichererbsen, Soja sowie Milchprodukte

Eisen	Hafer, Hirse, Mandeln oder Mandelmus, Kürbiskerne (alle Nüsse und Samen), Tahin (Sesammus), dunkelgrünes Gemüse, Fenchel, Schwarzwurzeln, Kräuter, Hülsenfrüchte (insbesondere Sojaprotein), Dörrfrüchte, Vollkorn (Brot oder Nudeln), Quinoa, Amaranth, Mohn
Selen	Paranusskerne, Steinpilze, Kichererbsen, Haferflocken, Erdnusskerne, Paprika

Nährstoffe clever kombinieren

- Je frischer ein Lebensmittel, desto mehr Vitamine sind darin enthalten. Langes Liegen in der Sonne und im Tageslicht oder sehr hohe Temperaturen lassen die Vitamine verschwinden. Hitzeempfindlich sind Vitamin C und die B-Vitamine, lichtempfindlich sind Vitamin A, B-Vitamine, C, D, E, K.
- Kombiniere eisenhaltige Lebensmittel mit Vitamin-C-Quellen, z. B. mit Obst, Obstsaft oder Paprika.
- Integriere Hefeflocken in deinen Speiseplan, sie sind reich an verschiedenen B-Vitaminen (außer B12).
- Viele Lebensmittel, die reich an Eisen sind, enthalten zugleich auch oft Folat, Magnesium oder Kalzium und Zink.
- Es lohnt sich in jedem Fall, mehr Vollkorn und Nüsse und Samen zu essen, um diese wichtigen Mikronährstoffe abzudecken.

Snacks und Süßigkeiten

Das Thema Snacks beschäftigt viele Eltern. Hier kann man viel gut machen, aber auch viel falsch. Ich finde, Snacks sind eine tolle Möglichkeit, nochmals gesunde Lebensmittel auf einen Teller oder in eine Brotdose zu packen, z. B. Obst, Nüsse, Dörrfrüchte oder Gemüse.

Snacks sind eine tolle Möglichkeit, gute Lebensmittel auf den Teller oder in die Brotdose zu packen.

Kinder benötigen Zwischenmahlzeiten, gerade kleinere Kinder können nicht vier bis fünf Stunden ohne Nahrung auskommen. Wenn du dann Lebensmittel mit viel Zucker anbietest, steigt nur der Blutzuckerspiegel an, Heißhunger wird gefördert, allenfalls auch Übergewicht, oder es steigt die Gefahr, dass das Kind nicht mehr gut zu den Hauptmahlzeiten isst. Ich möchte hier klarstellen: Zucker an sich ist nicht schlecht, das Problem ist nur, dass wir meist zu viel zu uns nehmen.

Weniger freier Zucker

Zucker gehört zu den Kohlenhydraten.

Unser Körper braucht Zucker – also Energie –, um zu funktionieren. Nur brauchen wir nicht Unmengen davon. Insbesondere kleinere Kinder brauchen keinen isolierten Zucker. In sehr vielen Lebensmitteln, die es zu kaufen gibt, steckt jedoch Zucker oder versteckter Zucker. Ein zu hoher Zuckerkonsum kann auch bei Kindern Diabetes Typ 2, Herz-Kreislauf- und Magen-Darm-Erkrankungen begünstigen. Kinder, die viel Süßes essen,

- haben einen stark schwankenden Blutzuckerspiegel und somit Heißhunger,
- sind oft nervöser und unausgeglichen, leiden öfter an Konzentrationsstörungen
- lernen zu früh die breite Palette an ungesunden Lebensmitteln kennen und verlangen oft nur noch danach (Zuckersucht),
- essen weniger gut Obst und Gemüse,
- sind öfter übergewichtig (besonders im Zusammenhang mit schlechten Fetten),
- leiden öfter unter Karies.

Zucker (auch Saccharose, Haushaltszucker oder Kristallzucker genannt) gehört zu den Kohlenhydraten und ist ein Zweifachzucker bestehend aus 50 % Glukose (Traubenzucker) und 50 % Fruktose (Fruchtzucker). Die WHO empfiehlt, den Konsum von freiem bzw. sogenanntem isoliertem Zucker (also allen Zuckerarten, die Speisen und Getränken beigefügt werden) auf weniger als 10 %, besser noch 5 % der Energiezufuhr zu beschränken.

Das bedeutet, etwa sechs Teelöffel Zucker (25 g) am Tag sind für Kinder empfohlen! Ich persönlich finde sechs Teelöffel relativ viel. Denn Kohlenhydrate sind in einer gesunden Ernährung sowieso enthalten, z. B. im Mehl, in Nudeln, Reis, Crackern, sogar in Gemüse.

Ist Fruchtzucker immer schädlich? Fruchtzucker wird heute nicht mehr als Süßungmittel empfohlen. Nun denkst du vielleicht, oh, dann darf mein Kind nicht zu viel Obst essen, denn da ist ja auch Fruchtzucker drin! Keine Sorge: Obst ist als Ganzes sehr gesund und enthält Mineralstoffe oder Vitamine – was bei isoliertem Fruchtzucker oder Haushaltszucker nicht der Fall ist –, die dazu beitragen, dass die Fruktose rückstandslos im Körper verarbeitet wird. Sei dir dennoch bewusst, dass eine Banane oder Dörrfrüchte wie Datteln und Rosinen eine beachtliche Menge an Fruchtzucker enthalten, die ebenfalls Karies fördern kann.

Was Kinder betrifft, ist beim Zucker ein Punkt wichtig: Ein striktes Zuckerverbot ist kontraproduktiv, deshalb sollte Süßes (besonders in Form von Früchten, Dörrfrüchten) ruhig seinen Platz haben. Wenn Kinder nie etwas Süßes essen dürfen, dann machen sie es irgendwann heimlich oder auswärts. Ich empfehle es z. B. als Dessert nach dem Mittagessen. Am Abend ist es weniger gut, einen Nachtisch anzubieten, da die Kinder dann zu viel Energie haben, nicht mehr runterfahren und nicht mehr gut einschlafen können.

Ein striktes Zuckerverbot ist kontraproduktiv, deshalb sollte Süßes ruhig seinen Platz haben. Eine Süßigkeit pro Tag ist okay.

Wichtig ist, die Süßigkeit nach dem Essen zu sich zu nehmen, da dann der Blutzuckerspiegel bereits angestiegen ist und der Insulinspiegel somit weniger Achterbahn fährt. Neben dem Zeitpunkt und der Regelmäßigkeit ist auch das „Was“ entscheidend. Wenn du deinem Kind etwas Süßes servieren möchtest, dann gib ihm einen gesunden, nährstoffreichen Snack. Noch mehr Spaß macht es, wenn die Kinder mithelfen dürfen, die Süßigkeiten zuzubereiten. Ideen findest du bei den Rezepten im zweiten Teil dieses Buches.

Versteckter Zucker und wo du ihn findest

Versuche, bei der Ernährung so lange wie möglich auf Süßes zu verzichten und mit natürlichen Süßungsmitteln zu süßen. Es gibt so einige Zuckerfallen im Alltag mit Kindern. Achte bei dir zu Hause darauf, welche dieser Produkte oft konsumiert werden, und lies die Etiketten. Achte besonders auf folgende Zutaten: Fruchtzucker/Fruktose, Dicksaft, Dextrose, Glukose, Maltose und Maltodextrin:

- Süßgetränke, auch Obstsäfte und Orangensaft
- Quetschies
- Kinderprodukte wie Kinderkekse
- Frühstücksmüsli und Cerealien
- Fruchtjoghurts
- Fruchtriegel
- Ketchup
- Fertigprodukte und Gebäck

Mein Tipp ist hier: Wenn möglich diese Produkte nur sehr selten kaufen und konsumieren.

Kinderprodukte sind nicht per se alle ungesund, aber leider trifft die Aussage doch bei einem Großteil zu. Lies am besten die Etiketten von Kinderprodukten. Oft enthalten sie schlechte, minderwertige Zutaten und auch schlechte Nährwerte wie viel Zucker oder Fett.

Kinderprodukte sind nicht per se alle ungesund, leider trifft die Aussage aber bei einem Großteil zu.

Viele Kinderprodukte sind sogar ungesünder als Produkte für Erwachsene. Dabei wird suggeriert, wenn „für Kinder“ oder „für Babys“ darauf steht, dass das Produkt gesund sein muss. Lass dich auch nicht von dem Zusatz „ohne Zuckerzusatz“ blenden: Oftmals enthält das Produkt doch enorm viel Zucker oder (isolierten) Fruchtzucker (z. B. über Datteln, Bananen, Apfeldicksaft oder Saftkonzentrate).

Zuckeralternativen – besser?

Zuckeralternativen haben teilweise negative Auswirkungen wie Durchfall, Verdauungsbeschwerden oder Karies.

Wenn man etwas Süßes backen möchte, kommt man nicht drum herum, ein Süßungsmittel zu verwenden. Dabei gilt: Natürliche Süße ist die beste! **Fruktose** wie auch **Zuckeraustauschstoffe** und **Süßstoffe** haben immerhin etwas Positives gemeinsam: Sie lassen den Blutzuckerspiegel meist nur wenig oder gar nicht ansteigen. Sie haben teilweise aber auch negative Auswirkungen wie Durchfall und Verdauungsbeschwerden. Ein zu hoher **Fruktosegehalt** kann hingegen die Leber schädigen und Karies fördern.

Sind Vollrohrzucker oder Kokosblütenzucker besser? Nein. Beide sind in ihrer chemischen Zusammensetzung dem Haushaltszucker ähnlich, enthalten jedoch kleine Mengen an Mineralstoffen. Während Haushaltszucker aus europäischen Zuckerrüben hergestellt wird, stammt Rohrzucker oder Kokosblütenzucker meist aus Südamerika.

Abgesehen von der Herkunft enthalten Kokosblütenzucker oder -sirup aber Inulin, was gut ist für die Darmbakterien und somit ein kleiner Vorteil gegenüber dem Haushaltszucker darstellt. Die Menge an Mineralstoffen und Inulin ist aber so gering, dass es sich nicht lohnt, ihn zu verwenden bzw. in großen Mengen zu sich zu nehmen.

Welche Alternativen gibt es? Hier eine Auflistung der gängigsten Süßungsmittel:

- **Ahornsirup** wird meist aus kanadischen Ahornbäumen gewonnen, ist also kein regionales Produkt. Er enthält einen kleinen Anteil an Mineralstoffen und eine etwas kleinere Süßkraft als Haushaltszucker und hat ein gutes Verhältnis von Fruktose und Glukose.
- **Agavendicksaft und andere Dicksäfte (Birnen-, Apfeldicksaft)** enthalten oft bis über 70 % Fruktose (und nur wenig Glukose), was nicht zu empfehlen ist, da dies eine Fettleber begünstigt. Agavendicksaft ist sogar süßer als Zucker und fördert Karies.
- **Birkenzucker** (Xylit) und **Erythrit** sind zwar zahnschonend, besonders Xylit kann aber Verdauungsprobleme auslösen und ist für kleine Kinder

nicht zu empfehlen. Xylit kommt in Kaugummis, homöopathischen Globuli und Zahnpasten vor. Erythrit ist kalorienfrei. Beide sind für Diabetiker geeignet, da sie den Blutzucker fast gar nicht beeinflussen. Birkenzucker verwende ich in kleinen Mengen mal zum Backen, mische es aber mit anderen Süßungsmitteln wie Datteln, Reissirup oder Haushaltszucker.

- **Fruktose (isoliert)** fördert ebenso wie Haushaltszucker Karies und kann bei hohem Konsum die Leber schädigen oder zu einer gestörten Darmflora führen.
- **Honig** enthält wie Haushaltszucker fast 80 % Zucker, schädigt also fast genauso die Zähne und den Darm und hebt den Insulinspiegel ebenso an. Einziger Unterschied: Er enthält gesunde Enzyme, sollte aber nicht an Kinder unter zwölf Monaten verabreicht werden.
- **Kokosblütenzucker** war lange ein Trend-Süßungsmittel. Im Kaloriengehalt ähnelt er dem Haushaltszucker, enthält aber etwas mehr Mineralstoffe. Durch seine Herkunft von der Kokospalme hat er einen langen Transportweg. Der Geschmack ist karamellig.
- **Süßstoffe** (**Aspartam, Acesulfam, Cyclamat, Stevia**) stehen immer wieder im Verdacht, krebserregend zu sein. Ein Problem bei Süßstoffen ist auf jeden Fall, dass man oft zu viel davon isst (weil man es sich „gönnt" oder weil der Körper keine Sättigung anzeigt). Außerdem haben sie eine viel höhere Süßkraft als Haushaltszucker und sind schwer zu dosieren. Ich verwende nur ab und zu Stevia, die anderen Stoffe meide ich. **Stevia** süßt 300-mal stärker als Haushaltszucker und ist kalorienfrei sowie für Diabetiker geeignet. Die Studienlage für Kinder ist aber noch sehr bescheiden.
- **Dattelsirup** wird aus Datteln gewonnen. Er enthält noch einige Mineralstoffe und hat eine stärkere Süßkraft als Haushaltszucker. Er enthält einen beachtlichen Fruktoseanteil und fördert Karies. Da er sehr dunkel ist, ist er für helle Desserts nicht geeignet.
- **Reissirup** wird aus dem Reiskorn gewonnen, er ist kein lokales Produkt. Er enthält sehr wenig Fruktose, ist gut bei Unverträglichkeiten und kann als veganer Honigersatz dienen. Kann mit Arsen belastet sein. Reissirup lässt den Blutzuckerspiegel mindestens genauso ansteigen wie Haushaltszucker.
- **Yaconsirup** ist ein teures, eher neues, diabetikergeeignetes Produkt. Die Süße stammt aus der Yaconpflanze, es gibt Pulver oder Sirup. Er enthält dank Fructo-Oligosacchariden gute Bakterien für den Darm und hat die Hälfte der Süßkraft von weißem Zucker.

Richtig süßen für Kinder

Egal welcher Zucker oder welche Alternative: Nimm einfach weniger. Kinder haben viele Geschmacksknospen und mögen Kuchen und Desserts auch dann, wenn sie weniger gesüßt sind. Wir Erwachsenen hingegen – gerade wenn wir uns sehr an Zucker gewöhnt haben – haben da schon eher Mühe, aber auch wir können uns an „weniger süß" gewöhnen.

Zu empfehlen: Für Kinder kann man mit reifer Banane, Dörrfrüchten wie Datteln oder mit Apfelmark süßen. Dies gilt für Joghurts, Müslis, Desserts, Kuchen, Muffins, Pancakes, Waffeln. Wenn du ein Süßungsmittel z. B. zum Backen benötigst, so empfehle ich für Kleinkinder Ahornsirup, Yaconsirup, Reissirup oder eine ganz kleine Menge Haushaltszucker gemischt mit Banane, Apfelmus oder selbst gemachtem Dattelsirup (Wasser mit Datteln gemixt).

Nicht zu empfehlen: Agavendicksaft, Birnendicksaft usw. sowie reine Fruktose (Fruchtzucker) empfehle ich nicht. Sie enthalten einen viel höheren Fruktoseanteil als Haushaltszucker, Ahorn- oder Reissirup.

Auch mit Xylit, Erythrit und Stevia würde ich sehr sparsam umgehen, da sie Verdauungsbeschwerden auslösen können und es noch zu wenige Studien für kleine Kinder gibt. Ab und zu für größere Kinder sind sie in Ordnung, sofern die Kinder sie vertragen und nicht täglich zu sich nehmen.

Meine Alltagstipps für weniger Zucker

- Kaufe keine Kinderprodukte, sondern mach sie selber.
- Vermeide Süßgetränke und stelle selber Schorle, Tees usw. her.
- Quetschies sind als Ausnahme okay, aber denke daran: Sie gelten klar als Süßigkeit mit beachtlichem Zuckergehalt. Besser sind Quetschies mit hohem Gemüseanteil oder selbst gemachte Smoothies.
- Fruchtjoghurt kannst du mit einem ungesüßten Kompott, Apfelmark oder Mandelmus und Kakaopulver selbst herstellen.
- Fruchtriegel oder Energyballs kannst du selbst machen mit Dörrfrüchten.
- Ketchup lässt sich einfach selbst herstellen.
- Frühstücksflocken kann man selbst mischen.
- Eis kannst du ebenfalls selbst machen.

Geeignete Snacks für Kinder

Bei Snacks kann man viel richtig, aber auch viel falsch machen. Wenn dein Kind viel Süßes snackt oder ungesunde Kinderprodukte und Fertigprodukte, dann ist das weder für eine gute Nährstoffversorgung noch für den Blutzuckerspiegel oder die Zähne optimal. Wenn du hingegen vollwertige, frische Lebensmittel wählst und aus unten stehender Liste immer wieder neu zusammenwürfelst, dann versorgst du dein Kind mit wichtigen Nährstoffen und der richtigen Energie, die es braucht.

- Obst, Beeren, Banane
- Cracker, Knäckebrot und Mais- oder Reiswaffeln
- Dörrfrüchte
- Energyballs
- Nüsse oder Nussmus
- Gemüsesticks mit oder ohne Dip
- Ei
- Vollkornbrot mit Frischkäse oder Mandelmus
- Tofuwürfel
- Käsewürfel
- Joghurt/pflanzlicher Joghurt
- ungesüßter Joghurt mit Kompott oder Früchten/Beeren
- Nicecream und Smoothie
- selbst gemachtes Joghurteis
- gefrorene Früchte
- Gemüsepancakes
- Bananenwaffeln
- Porridge
- Birchermüsli

Ein gesunder Kindersnack besteht aus frischem Obst, Gemüse, Nüssen, Dörrfrüchten, Vollkorngetreide oder einer Proteinquelle.

Gesünder essen leicht gemacht

In diesem Kapitel möchte ich das Thema Stress im Alltag und am Esstisch beleuchten und dir einige Tipps geben, wie du ihn minimierst. So helfen beispielsweise klare Regeln als Leitlinien und ein Menüplan, um Struktur in den Tagesablauf zu bringen. Das Ziel ist, dass ihr als Eltern weniger Stress bei der Zubereitung des Essens und beim Essen selbst habt und dass ihr euch gesund ernährt. Zudem bekommst du in diesem Kapitel hilfreiche Tipps, damit dein Kind wieder mehr Gemüse probiert und offener für Neues wird. Und ich zeige dir, wie du auf die optimale Nährstoffversorgung achten und endlich in ein gesünderes Leben starten kannst.

Wege aus den stressigen Mahlzeiten

Der Griff zu Fertigprodukten ist naheliegend, wenn man überfordert ist und die Zeit fehlt.

Viele Eltern, die ich berate, beschäftigen sich spätestens ab dem Zeitpunkt der Geburt ihres ersten Kindes mit dem Thema gesunde Ernährung. Sie wollen ihr Kind gesund bzw. gesünder als sich selbst ernähren, doch mit der Umsetzung klappt es oft nicht. Zu schnell spielen alte Muster aus der eigenen Kindheit oder aus der Zeit vor den Kindern mit rein. Oft gab es zu viele Süßigkeiten und Fertigprodukte oder Essen vom Take-away. Manchmal fehlt es auch an Wissen, und einige sind ganz einfach überfordert im ganzen Chaos. Der Griff zu Fertigprodukten ist dann naheliegend.

Ein weiterer Grund ist unser Alltagsstress: Vielleicht arbeiten beide Elternteile, und dann muss es auch in der Küche schnell gehen. Hinzu kommen noch Hobbys der Kinder, wählerische Geschmäcker und ein straffer Zeitplan.

Aber: Es ist nie zu spät, mit einer gesunden Ernährung zu starten, wenn du es für deine Kinder besser machen möchtest als bei dir selbst. Natürlich ist es nicht einfach, ein Kind, das bereits seit einem Jahr oder länger regelmäßig einen Kinderschokoriegel bekommt, davon wegzubekommen. Natürlich stößt du auf Widerstand, wenn du deinem Kind ab sofort den süßen Fruchtriegel oder Quetschie durch frisches Obst ersetzt. Aber es ist nicht unmöglich, und aus meiner Erfahrung als Ernährungscoach weiß ich, dass die Kinder manchmal offener sind, als man meint. Der Gedanke, dass du in die gesunde Zukunft deiner Kinder investierst, sollte dir großer Anreiz zu gesunder Ernährung sein.

Nimm die Kinder mit zum Einkaufen, spaziere mit ihnen über den Wochenmarkt und beziehe sie in die Menüplanung ein.

Hast du Angst, die Essgewohnheiten zu verändern? Wenn Kinder nicht mitmachen, kann man – je nach Alter – mit ihnen sprechen und es ihnen erklären. Noch besser ist aber, die Kinder sofort mit zum Einkaufen zu nehmen, mit ihnen über den Wochenmarkt zu spazieren, sie in die Menüplanung miteinzubeziehen und mit ihnen gesunde Süßigkeiten herzustellen. So kannst du nach und nach auf gesund umstellen.

Dasselbe gilt für die gesunden Mahlzeiten. Auch hier kann man die Kinder daran gewöhnen, dass ab jetzt bei jeder Mahlzeit Gemüse dabei ist.

Ein kleines Beispiel, um dich zu überzeugen: Vor kurzem war ich bei unserer Bäckerei im Dorf. Sie hatte diese Cornetto-Brötchen neu im Sortiment, und sofort war da ein Gefühl von früher. Ich dachte „Oooh, die hatte ich seit Jahren nicht mehr, die muss ich essen!" Und habe mir eines gekauft und es genossen.

Tatsächlich kaufte mein Vater diese Brötchen früher oft und sie erinnerten mich an meine Kindheit. Das zeigt, wie eine Prägung bis ins Erwachsenenalter funktioniert. Genau deshalb macht es Sinn, die Kinder mit gesunden Lebensmitteln vertraut zu machen, auch wenn sie vielleicht im Teenageralter Cola trinken werden und Süßigkeiten kaufen: Es bleibt hängen und sie werden die gesunde Ernährung in sich haben.

Geh es langsam an Mein Tipp für die Ernährungsumstellung: Gerade wenn ihr eher ungesund gegessen habt und du nun das Projekt „gesünder Essen" angehen möchtest, gehe es etwas langsamer an. Aus der Praxis weiß ich, dass man manchmal zu viel möchte und dann daran scheitert. Das Ziel sollte daher sein, nach und nach in kleinen Schritten vorwärtszugehen und die Ernährung nach und nach umzustellen. Wenn du deiner Familie nächste Woche auf einen Schlag einen Wochenplan mit nur neuen gesunden Rezepten und keinen Süßigkeiten mehr präsentierst, wird deine Familie wohl streiken. Dann wirst du aus Frust dein Projekt ziemlich schnell beenden.

Weniger Stress am Esstisch

Manchmal liegt der Essfrust am Stress bei Tisch: mäkelige Kinder, Streit am Esstisch durch Diskussionen, alle sprechen durcheinander. Eine unharmonische Ess-Situation stört, wenn man etwas ändern möchte.

Kennst du diese Gedanken: „Warum soll ich mehr Gemüse kochen, wenn das Kind es ja doch nicht isst?“, „Warum hat immer einer etwas auszusetzen?“ „Warum können wir nicht einmal ein ruhiges, harmonisches Essen am Tisch verbringen?“

Diese Faktoren führen zu Stress am Esstisch:

- fehlende Organisation: keine Zeit zu kochen, dadurch Stress, hungrige und ungeduldige Kinder usw.
- fehlende Menüplanung
- keine fixen Essenszeiten
- Die Kinder wollen nicht essen (weil zu müde, zu viel zwischendurch gegessen usw.), es gibt viele Diskussionen darum, wer was isst.
- Die Kinder werden gezwungen zu probieren, dadurch gibt es Streit.
- Die Kinder werden mit Dessert oder Süßem gelockt, damit probiert oder gegessen wird.
- Die Geschwister streiten oft.
- Medien und Spielzeug liegen auf dem Esstisch (TV, Tablet, Handy, Bücher, Puzzles usw.) und lenken ab.
- Tischregeln fehlen, alle sprechen durcheinander oder stehen immer wieder auf, es ist ein Durcheinander.
- Die Kinder sitzen alleine am Tisch, die Eltern essen später.
- Es herrscht Resignation und Frust, weil man nur noch für das Kind kocht oder extra kochen muss, damit es isst, und selber geht man unter.

Gemeinsames Essen stärkt die Familie

In vielen Familien gehört Stress am Esstisch zur Tagesordnung. Für mich bedeutet essen nicht nur Nahrungsaufnahme, sondern auch, das Zusammensein zu genießen, über den Tag zu sprechen, als Familie am Tisch zu sitzen. Der Familientisch ist enorm wichtig: Dort lernen die Kinder, was gesunde Ernährung ist, denn Mama und Papa essen ausgewogen und viel Gemüse. Kleine Kinder lernen so, mit Besteck zu essen, lernen Verhaltensregeln und sozialisieren sich. Es ist Quality Time, die wichtig ist.

Das Ziel sollte ein harmonischer Familientisch sein, an dem alle zusammen essen. Kinder sollten nie alleine essen müssen.

Heutzutage sitzt man als Familie aber sehr selten zusammen an einem Ort. Das Ziel sollte also ein harmonischer Familientisch sein, an dem alle zusammen essen. Kinder sollten auch nie alleine essen müssen.

Ganz wichtig ist die eigene Einstellung zum Esstisch und was euch als Eltern wichtig ist. Wenn ihr schon mit dem Handy oder der Zeitung am Esstisch sitzt, warum sollten es die Kinder nicht auch tun? Wenn ein Elternteil immer auf ein Kind einredet oder es zurechtweist, ist dies keine angenehme Situation. Wenn es immer wieder darum geht, was noch gegessen werden muss, ebenfalls nicht. Druck erzeugt oft Stress – auf allen Seiten.

Rohkostteller als Vorspeise für hungrige Kinder Wenn du oft hungrige Kinder hast, dann empfehle ich dir, einen Rohkostteller vorzubereiten, den du auf den Tisch stellen kannst. Vielleicht tröpfelst du noch etwas Olivenöl darüber. Viele Kinder mögen es, vor dem Essen schon etwas zu knabbern. Gleichzeitig beschäftigst du die Kinder, bis das Essen fertig ist, und manchmal essen auch wählerische Kinder so schon eine ordentliche Gemüseportion.

Tischregeln verbessern die Situation

Tischregeln können helfen, wieder Ordnung an den Tisch zu bringen, gerade wenn das Essen schon vor dem Beginn chaotisch ist. Diese könnten z. B. so aussehen:

- Jedes Kind hat eine Aufgabe, z. B. Dinge auf den Tisch zu stellen, alle zum Essen zu rufen, beim Gemüseschneiden helfen.
- Es liegen keine Medien und kein Spielzeug auf dem Tisch.
- Es gibt kein ständiges Aufstehen und Hinsetzen.
- Wer satt ist, hört auf seinen Bauch und darf dann sein Essen beenden.
- Wer fertig ist mit dem Essen, darf vom Tisch aufstehen.
- Bis zur nächsten Mahlzeit gibt es nichts.
- Wir hören uns zu und nicht alle sprechen durcheinander.

Handy, TV, Spielsachen – dies alles gehört nicht an den Esstisch.

Schaffe eine positive und ruhige Atmosphäre. Genau das brauchen Kinder, um in Ruhe essen zu können. Der Punkt „keine Medien" ist enorm wichtig. Tablets, Handys, TV und auch Kinderbücher gehören während einer Mahlzeit nicht auf den Esstisch!

Wenn es klare Regeln gibt und die Stimmung entspannt ist, macht das Essen auch mehr Spaß. Kommuniziere deinen Kindern, was du dir unter einer angenehmen Tischsituation vorstellst, und sorge selber für eine positive Stimmung. Wenn die Eltern locker und doch bei der Durchsetzung der definierten Tischregeln bestimmt sind, wenn auch mal Spaß sein darf, dann macht das ganze Essen mehr Freude und ihr habt sofort mehr Genuss statt Frust.

Gerade wenn mehr als ein Kind am Tisch sitzt, kann es chaotisch oder laut werden. Einerseits sind andere Kinder gut als Vorbild, z. B. wenn es ums ordentliche Essen oder Gemüseprobieren geht, andererseits können sich gerade Geschwister necken oder streiten. Das kann sich aufbauschen und zu großer Unruhe am Tisch führen.

Tischregeln schaffen Sicherheit und Ordnung für alle.

Hier hilft es zu analysieren, was der Trigger sein könnte, und ihn zu lösen, indem man etwa die Sitzordnung ändert oder allen den gleichen Teller, das gleiche Besteck hinstellt und mit Tischregeln Sicherheit und Ordnung für alle schafft: Es wird nichts auf den Boden oder über den Tisch geworfen, man geht respektvoll miteinander um.

Zu dieser Form von Achtsamkeit gehört auch, dass man vielseitige gesunde Lebensmittel auf den Tisch bringt und dass die Mahlzeiten mit Ritualen verbunden sind – sei es, dass alle zusammen am Tisch sitzen und dann mit dem Essen beginnen oder die Kinder schon beim Kochen helfen, dass man ein Tischgebet sagt oder jeder seine kleine Aufgabe hat.

Achtsam essen heißt auch, dass es keine Ablenkung gibt, keine Medien, kein Spielzeug und man auch mal über den Geschmack des Essens sprechen kann, was einem z. B. besonders schmeckt. Lernt gut zu kauen und esst nicht zu schnell. So stellt sich eine angenehme, ruhige Stimmung von selbst ein.

Regelmäßigkeit der Mahlzeiten

Von Anfang an sollte auf eine gewisse Regelmäßigkeit der Mahlzeiten und Zwischenmahlzeiten geachtet werden. Im Normalfall geht man von drei Hauptmahlzeiten und zwei Zwischenmahlzeiten pro Tag aus.

Kleine Kinder essen oft viel besser, wenn sie fixe Zeiten haben.

Kleine Kinder essen oft viel besser, wenn sie fixe Zeiten haben, denn sie haben meist zu den gleichen Zeiten Hunger. Es gibt ihnen auch einen Anhaltspunkt und man hat so das ewige Snacken besser im Griff. Außerdem ist es sinnvoll, einem Kleinkind alle zwei bis zweieinhalb Stunden etwas zu essen zu geben, da der Magen schneller verdaut, und wenn der Insulinspiegel plötzlich in den Keller sackt, kommen die unangenehmen Zusammenbrüche, die eigentlich oft nur auf Hunger zurückzuführen sind: Ein hungriges Kind schreit nur noch, ist nicht ansprechbar, liegt auf dem Boden oder streitet sich – du kennst das sicher. Deshalb macht es Sinn, Snackzeiten einzuplanen und geregelte Hauptmahlzeiten zu haben.

Zwischenmahlzeiten Zwischenmahlzeiten sind für kleinere Kinder enorm wichtig. Achte darauf, dass sie nicht zu groß werden, sodass das Kind die nächste Hauptmahlzeit hungrig beginnt. Und achte darauf, die Zwischenmahlzeit gesund zu gestalten: mit Früchten, Dörrfrüchten, Nüssen, Nussmus, Gemüse, Vollkorncrackern, Maiswaffeln, Joghurt oder Nicecream (siehe Rezeptteil).

Intuitives Essen

Hast du schon mal vom intuitiven Essen gehört? In der Theorie sieht das so aus, dass man keine Einschränkungen hat, auf nichts verzichtet und das isst, was der Körper gerade braucht. Man hört auf seinen Hunger und isst genau dann – es ist eine Art achtsames Essen. Ich glaube, viele Kinder wissen intuitiv, was ihnen guttut oder wann sie Hunger haben – oder eben keinen.

Schön wär's, denkst du jetzt vielleicht, denn die Wirklichkeit sieht leider meistens anders aus. Viele Kinder und noch mehr Erwachsene haben diese Intuition verlernt und greifen aus Langeweile zu Snacks oder ungesunden Lebensmitteln. Wer das intuitive Konzept verfolgt, hat wenig Regeln und Einschränkungen, auch nicht für das Kind. Das Angebot an Lebensmitteln sollte aber auf jeden Fall gesund und vollwertig sein und nicht aus ungesunden Lebensmitteln und Süßigkeiten bestehen.

Fang bei dir selbst an: Eltern sollten auch bei sich besser auf den Hunger und die Sättigung achten und dies mit dem Kind üben. Frage z. B. dein Kind, ob es hungrig ist, oder, wenn es vom Tisch möchte, ob es satt ist, und zwing es nicht zum Essen. Vertraue auf dein Kind und lass es selbst entscheiden, wann es genug gegessen hat.

Vertraue auf dein Kind und lass es selbst entscheiden, wann es genug gegessen hat.

Beobachte dein Kind: Hat es wenig Hunger, dann sollte es nicht zum Essen gezwungen werden. Hat ein Kind sehr oft immer vor dem Essen Hunger, tickt seine innere Uhr wohl etwas anders. Du könntest dir überlegen, die Mahlzeit einfach vorzuziehen. So reduzierst du Stress am Tisch. Außerdem kann es sein, dass das Kind einfach mal müde ist, weil z. B. der Kindergartenstart bevorsteht. Da hilft es, dem Kind Verständnis entgegenzubringen und Quality Time mit ihm zu verbringen, anstelle den Fokus aufs Essen zu legen.

Das Verhalten der Eltern ist ein Schlüsselthema

Viele Eltern sind deshalb gestresst, weil sie hohe Erwartungen haben. Das Kind soll doch essen, was auf den Tisch kommt, oder es wenigstens probieren! Das Kind hingegen hat ganz andere Erwartungen oder Gefühle, und so entsteht ziemlich schnell Stress am Esstisch. Die Negativspirale geht weiter, wenn man es als Mutter oder Vater persönlich nimmt, wenn das Kind ein Gericht nicht mag oder nicht isst. Diesen Teufelskreis solltest du durchbrechen.

Wenn die Situation am Familientisch gestresst und unharmonisch ist, solltest du die Situation einmal mit Abstand betrachten.

Das Verhalten deines Kindes ist normalerweise nicht gegen dich gerichtet, sondern hat andere Ursachen. Die eigenen Erwartungen herunterschrauben hilft aber in den meisten Fällen sehr. Vertrau deinem Kind auch mal, dass es weiß, wann es Hunger hat oder was es mag, statt darauf zu bestehen, dass es jetzt isst. Beobachte lieber, ob es vielleicht eine halbe Stunde später hungriger wäre oder weniger Snacks essen sollte.

Eltern sind Vorbilder In meinen Coachings zeigt sich immer wieder, wie wichtig das Verhalten der Eltern ist. Sie sind Vorbild. Kinder haben Wünsche und Bedürfnisse und sind in der Autonomiephase oft emotionsgesteuert. Du als Erwachsener kannst dich besser kontrollieren und einen Weg aus der negativen Situation herausfinden. Wenn du entspannter bist, wenn du keinen Stress vermittelst, dann wird sich die gesamte Situation ebenfalls entspannen. Wichtig ist, dass du Regeln aufstellst, die dir wichtig sind, vielleicht auch über deine Gefühle sprichst, aber keine Vorwürfe und keinen Druck machst.

Hier kommt eine kleine Aufgabe für dich, mit der du einen Schritt zurück machst und die Situation und dein eigenes Verhalten reflektieren kannst.

Aufgabe: Wie wünsche ich mir die Tischsituation?

Setz dich in einer ruhigen Minute an den Tisch und schreib auf ein Blatt Papier, wie du dir die Tischsituation wünschst. Besprich es auch mit deinem Partner oder deiner Partnerin! Dann schreibst du auf ein zweites Papier, was es bräuchte, um diese Ziele zu erreichen. Wichtig sind nun die Punkte, die du bei dir oder die ihr als Eltern ändern könnt. Stelle dir z. B. folgende Fragen:

- Welche Tage sind die stressigsten und was könnten wir daran ändern?
- Warum bin ich frustriert, wenn das Kind nicht isst und ich mir so große Mühe gegeben habe?
- Muss ich extra kochen oder gibt es Rezepte, die für alle passen, damit ich nicht zu viel Zusatzaufwand habe?
- Muss ich mein Kind dazu bewegen, immer zu probieren, oder würde es die Situation entstressen, wenn es diesen Druck nicht hat? Kann ich das akzeptieren?
- Muss ich darauf antworten, wenn das Kind schon ablehnend an den Tisch kommt? Oder könnte ich einfach nur sagen: Schau mal, es steht für alle etwas auf dem Tisch, nimm einfach, was dir passt?
- Kann ich auch mal am Tisch sitzen und akzeptieren, dass mein Kind nur Nudeln isst?
- Hat das Kind vielleicht gut zu Mittag gegessen, hatte es heute schon ein bis zwei Früchte – ist es dann schlimm, wenn es zum Abendessen kein Gemüse isst?
- Was würde sich verbessern, wenn wir fixe Tischregeln einführen? Etwa: Wer satt ist, darf vom Tisch gehen, nicht vorher, oder wenn kein Spielzeug am Tisch ablenkt.

Natürlich weiß ich, dass die Theorie einfacher ist als die Praxis. Wenn die Situation am Familientisch gestresst und unharmonisch ist, macht es jedoch Sinn, einen Schritt zurückzutreten, um die Situation einmal aus der Ferne zu betrachten. So kannst du erkennen, wo man ansetzen könnte, um eine Verbesserung zu erzielen.

Tipps für einen stressfreien Familientisch Aus meiner Erfahrung hilft es, zuerst an folgenden Punkten etwas zu ändern:

- den Zeitpunkt, wann es Essen gibt (oder wie lange es her ist, dass das Kind etwas gegessen hat)
- Tischregeln aufstellen
- die Sitzordnung der Familie ändern (wer sitzt wo?)
- nicht mehr kommentieren, was das Kind essen muss, und keinen Zwang ausüben

Werft alle bisherigen Regeln über Bord und definiert eure Ziele und Vorstellungen mit den Kindern neu.

Tabula rasa, also im übertragenen Sinn „reinen Tisch" zu machen, hilft manchmal, um wieder mehr Harmonie am Esstisch zu haben. Werft alle bisherigen Regeln und eingespielten Muster über Bord und definiert eure Ziele und Vorstellungen mit den Kindern neu. Teilt den Kindern mit, was euch als Eltern wichtig ist.

Zusammen am Tisch sitzen mit positiver Stimmung

- Sitzt alle zusammen am Esstisch (keiner isst alleine).
- Schafft eine positive Umgebung durch Regeln.
- Sprecht über den Tag, über die Schule, den Kindergarten und schöne Dinge.

Vorbildfunktion und Einstellung der Eltern

- Nehmt als Eltern den Druck raus: Sprecht nicht die ganze Zeit über das Essen und wer was probieren muss. Achtet darauf, dass immer wenigstens ein Teil auf dem Tisch steht, das dein Kind mag, und erkläre ihm, dass es nicht alles mögen muss.
- Sprecht positiv über das Essen des Kindes, hebt hervor, wenn es etwas mag, und lasst das Negative weg.

Frischer und gesünder kochen – nimm die Familie mit ins Boot

- Passe deine Standardrezepte an, analysiere, wo du eine gesündere Komponente integrieren kannst oder was du selbst frisch zubereiten kannst – ändere aber nicht alle Rezepte von heute auf morgen, wenn deine Familie mit im Boot bleiben soll.
- Koche farbig, frisch und abwechslungsreich und kommuniziere dies den Kindern. Sie sollen wissen, dass es Änderungen gibt, und beteiligen sich vielleicht auch dabei.

Menüplan und Meal Prepping für eine bessere Organisation

- Beginne mit einer Menüplanung – plane am besten zusammen mit deiner Familie.
- Integriere Meal Prepping an den besonders stressigen Tagen und bereite Teile eurer Gerichte vor.

Gesunde, aber einfache Snacks für mehr Nährstoffe

- Gestalte die Snacks gesünder (auch die Brotdosen) und allenfalls kleiner (damit die Kinder hungrig an den Tisch kommen).
- Nicht an zu wenig Kreativität scheitern: Muss die Brotdose immer anders und aufwendig sein? Denke pragmatisch und setz dich nicht unter Druck. Wenn das Kind jeden Tag einen Apfel und Cracker haben will, dann variiere damit und versuch es nicht mit Beeren oder Gemüse. Diese kannst du auch später auf dem Rohkostteller oder zu einer Hauptmahlzeit servieren.

Hole dir hungrige Kinder an den Tisch

- Achte auf weniger Zucker im Alltag – Ausnahmen darf es natürlich geben – und auf fixe Essenszeiten.
- Achte auf genügend Bewegung für die Kinder, damit sie ausgeglichener sind und hungrig an den Tisch kommen.

Checkliste für eine harmonische Tischsituation

Eine ausgeglichene Tischsituation hängt von verschiedenen Faktoren ab. Die folgenden Punkte könnt ihr als Eltern regelmäßig durchgehen und euch selber beantworten, um die Situation zu verbessern.

✓ Sitzen alle zufrieden am Tisch? Wenn nicht, woran liegt es? Am Zeitpunkt des Essens, der Menüauswahl, an Müdigkeit, an zu vielen Snacks?

✓ Sind die Eltern Vorbilder bezüglich Tischmanieren, Gemüse essen, Neues auszuprobieren?

✓ Kommen die Kinder gern und neugierig an den Tisch? Helfen sie in der Küche und beim Tischdecken mit? Hat jeder eine Aufgabe oder macht ein Elternteil alles alleine?

✓ Kommen alle gestresst an den Tisch? Welcher Stress kann minimiert werden, was müssten wir ändern?

✓ Kommen alle hungrig an den Tisch? Falls nicht, warum nicht?

✓ Wie sind die Gespräche am Tisch? Sprechen alle miteinander? Oder nur eine Person? Spricht man über den Tag oder nur übers Essen?

- ✓ Kochen wir extra? Will das Kind immer eine Extrawurst und bekommt sie auch? Musst du immer wieder aufstehen und etwas extra holen, ist die Situation sehr unruhig?
- ✓ Muss das Kind probieren und gibt es deswegen Diskussionen, Streit?
- ✓ Gibt es andere Ablenkungen, die störend sind (Medien, Nachbarskinder, Spielzeug)?

Wenn das Kind kein Gemüse mag

Das Thema „picky eater“ ist sehr emotional und stresst viele Eltern von Kleinkindern.

In diesem Abschnitt geht es um das große Thema „picky eater“. Der Begriff meint, dass das Kind sehr wählerisch oder mäkelig ist, meistens kein oder nur wenig Gemüse isst und auch nie etwas Neues probiert. Das Thema ist sehr emotional und stresst insbesondere die Eltern.

In vielen Familien ist der Stress darauf zurückzuführen, dass ein oder mehrere wählerische Kinder am Esstisch sitzen. Mama oder Papa sind frustriert, weil sie sich Mühe gegeben haben, etwas Gesundes zu kochen, das Kind aber alles verschmäht, nie etwas Neues probieren will oder es regelmäßig Diskussionen rund ums Essen gibt. Oft ist es ein Teufelskreis, doch es hilft, wenn die Eltern diesen Kreis durchbrechen, um wieder mehr Gelassenheit und Spaß an den Tisch zu bringen.

Der wichtigste erste Schritt ist, das Kind besser zu verstehen. Danach ist es hilfreich, das eigene Verhalten zu überdenken und den Stress und Druck vom Tisch zu nehmen.

Lebensmittel-Neophobie

In der Autonomiephase essen viele Kinder eingeschränkt, suchen die grünen Punkte in der Soße oder mögen plötzlich keinen Brokkoli mehr. Einige Kinder lehnen jegliches Gemüse total ab, andere mögen einfach die Karotten nicht oder verschmähen plötzlich alles, was grün ist. Die Kinder werden immer wählerischer, wollen am liebsten jeden Tag nur noch ihr Lieblingsgericht, z. B. Pasta mit Käse. Einerseits wollen die Kinder in dieser Phase selber entscheiden, andererseits haben sie auch Angst vor Neuem.

Diese sogenannte Lebensmittel-Neophobie tritt meist zwischen zwei bis sechs Jahren auf. Das Kind lehnt von einem Tag auf den anderen vieles ab, isst gewisse Farben (oft Grün) nicht mehr und probiert auch nichts Neues aus, obwohl es bis dahin schon vielseitig und gesund gegessen hatte.

Dass die Farbe Grün oder grüne Punkte im Essen abgelehnt werden, ist typisch und liegt in unseren Genen oder an unserem Instinkt: Unsere Vorahnen mussten sich auf Geschmack und Farbe verlassen, um nichts Giftiges zu essen. Grüne Lebensmittel sind meist unreif, und alles was grün ist und bitter schmeckt, könnte giftig sein.

Wenn Kinder beginnen, selbst zu essen, müssen sie also auf verschiedene Faktoren vertrauen. Einer davon ist der Instinkt, der Süßes dem Bitteren vorzieht, der andere ist das Vorbild Eltern: Wenn Eltern etwas essen, dann wird es nicht giftig sein.

Essen zu lernen braucht Geduld. Animiere dein Kind, Neues zu probieren, und mach es selbst auch – sei Vorbild und versuche, dein Kind zu verstehen. Druck hilft insbesondere in der sogenannten Trotzphase nicht: In dieser Autonomiephase möchte das Kind selbst entscheiden. Gelingt dies nicht, kommt es häufig zum Wutanfall. Eigentlich verständlich, denn je älter das Kind wird, desto selbstständiger möchte es werden. Verlangst du von deinem Kind, diese „giftigen" grünen Dinge zu essen, unterstützt du es nicht in seiner Eigenständigkeit. Du riskierst, dass das Kind noch wählerischer wird.

Essen zu lernen braucht Geduld. Animiere dein Kind, Neues zu probieren, sei Vorbild, aber setze es nicht unter Druck.

So kannst du dein Kind in der wählerischen Phase unterstützen:

- Hilf ihm, neugierig zu bleiben, lass es in der Küche, beim Tischdecken, beim Schöpfen helfen. Gib ihm eine Auswahl von maximal zwei bis drei Lebensmitteln, frage z. B., ob es gerne Kartoffeln und Erbsen möchte oder Kartoffeln und Karotten.
- Lass das Kind auch weiterhin mit den Händen essen – es wird auf jeden Fall lernen, Löffel und Gabel richtig anzuwenden. Oder lass es die Lebensmittel zuerst erkunden, bevor es sie in den Mund nimmt. Wenn dein Kind das Gefühl bekommt, es darf mitbestimmen und mithelfen, wird es auf jeden Fall zufriedener am Tisch sitzen. Dadurch ist die Bereitschaft größer, auch mal etwas Neues auszuprobieren.
- Serviere deinem Kind seine geliebten, sicheren Lebensmittel, aber kombiniere diese häufig mit neuen Dingen. Achte darauf, dass sie getrennt auf dem Teller liegen.

Gib deinem Kind mehr Autonomie und unterstütze seine Neugier.

Weitere Gründe, kein Gemüse zu essen

Bei einigen Kindern im Alter von ca. zwei bis sechs ist die Neophobie ausgeprägter als bei anderen Kindern, es gibt aber zahlreiche weitere Gründe, kein Gemüse zu essen, die man berücksichtigen oder abklären sollte:

- Das Wachstum stagniert gerade.
- Das Kind hat einen übersensiblen Mundraum.
- Es ist hochsensibel, z. B. stören es Gerüche oder Konsistenzen enorm.
- Es hat ein sehr schlechtes Erlebnis beim Essen gehabt.

- Es besteht eine Lebensmittelallergie oder -unverträglichkeit.
- Es isst zu viele Snacks vor und nach den Hauptmahlzeiten, zu viel Süßes oder „leere" Kalorien.
- Es ist zu stark abgelenkt durch Medien, Spielsachen, andere Kinder.
- Es ist zu müde, krank, erkältet oder am Zahnen.

An neue Lebensmittel gewöhnen

Menschen lieben Süßes: Das Kind kommt auf die Welt und ernährt sich in den ersten fünf bis sieben Monaten ausschließlich von süßer Muttermilch. Die Geschmacksknospen des Kindes sind also auf alles Süßliche ausgerichtet, alles was süß ist, wird daher bevorzugt. Gemüse hingegen schmeckt oft herb.

In der Beikostphase im ersten Lebensjahr geht es ums Entdecken, meist essen die Kinder in dieser Phase sehr gut. Im zweiten Lebensjahr jedoch wird die Auswahl der gewünschten Lebensmittel bei vielen Kindern laufend kleiner. Das ist normal und hängt mit der Autonomiephase des Kindes zusammen. Meistens um den zweiten Geburtstag herum beginnt es seinen eigenen Willen zu entdecken und möchte selbst entscheiden, was und wie es essen will. Wutausbrüche sind an der Tagesordnung.

Kinder haben mehr Geschmacksknospen als Erwachsene. Von Natur aus lieben Kinder Süßes.

Mit der Beikost beginnt das Abenteuer Essen. Ab da lernt das Kind täglich neue Lebensmittel und Geschmacksrichtungen kennen. An Neues muss es sich aber erst gewöhnen. Studien haben gezeigt, dass ein Kind ein Lebensmittel immer wieder probieren muss, bevor es dieses mag. Einige Studien gehen von acht bis zehn Mal aus, andere sogar von bis zu 20 Mal.

Die Geschmacksknospen eines kleinen Kindes sind zahlreicher als die eines Erwachsenen. Mit den Jahren nimmt die Anzahl ab. Es gibt hingegen Menschen, die hochsensibel sind und mehr Geschmacksknospen haben als andere. Bei Erwachsenen spricht man in diesem Fall von Supertastern, Menschen, die ausgeprägtere Geschmacksknospen haben und sensibler auf Konsistenzen, Temperaturen, Gerüche und Gewürze reagieren Für sehr sensible Kinder sind geschmacksintensive Gerichte oder auch eher herbes, bitteres Gemüse eine Herausforderung und oft der Grund, es zu verschmähen.

Die Sinne sind beim Essen wesentlich. Das Kleinkind erlebt das Essen mit den Händen, dem Mund, der Nase. Wenn du deinem Kind das Spielen mit dem Essen verbietest, nimmst du ihm die Möglichkeit, ein Nahrungsmittel kennenzulernen. Vielleicht förderst du sogar, dass es Neues verschmäht, weil es keine Möglichkeit hat zu testen, wie etwas schmeckt, riecht, sich anfühlt.

Die Sinne sind beim Essen wesentlich. Das Kleinkind erlebt das Essen mit den Händen, dem Mund, der Nase.

Von Anfang an ist es deshalb umso wichtiger, dem Kind immer eine Vielfalt an Lebensmitteln anzubieten. Nur so lernt es verschiedene Konsistenzen, Geschmäcker, Farben und Formen kennen.

Serviere verschiedene Lebensmittel Kinder, die wählerisch sind, wollen oft nur dasselbe essen. Dieses Essen gilt für sie als sicher. Wenn dein Kind aber vieles kennengelernt hat und vielseitig isst, erhöht sich die Chance, dass es nicht extrem wählerisch wird. Hast du bereits einen mäkeligen Esser am Tisch, dann achte darauf, dass er seine sicheren Lebensmittel bekommt, serviere ihm aber trotzdem auch neue Gerichte.

Was tun, wenn das Kind extrem „picky“ ist?

Einige Kinder sind wählerischer als andere und essen extrem eingeschränkt schon seit ihrer Beikostzeit.

Einige Kinder sind wählerischer als andere. Aus meiner Coaching-Erfahrung weiß ich, dass es Kinder gibt, die extrem eingeschränkt essen, und zwar schon seit ihrer Babyzeit. Oft waren sie schon in der Beikostphase schwierige Esser, haben z. B. den selbst gemachten Brei verschmäht und aßen immer das gleiche Gläschen. Oder sie haben nie Obst probiert und dann auch kein Gemüse mehr. Es gibt auch extrem wählerische Kinder, die nichts Süßes mögen, oder Kinder, die nur Nudeln, Brot und Reis essen – also Kohlenhydrate in heller Farbe. Dieses Verhalten bleibt auch nach dem Kindergartenalter bestehen und ändert sich nicht von allein.

Wenn bei deinem Kind eine ganze Lebensmittelgruppe fehlt und es sogar Angst vor gewissen Lebensmitteln hat, auch auswärts nicht gut isst, solltest du genauer hinschauen und dir ggf. professionelle Unterstützung holen.

- Als Erstes empfehle ich herauszufinden, ob das Kind eine Allergie oder Unverträglichkeit hat. Kinder mit Unverträglichkeiten meiden bestimmte Lebensmittel oft intuitiv. Den Verdacht sollte man unbedingt mit dem Kinderarzt abklären, besteht z. B. Zöliakie, Weizenunverträglichkeit, Laktoseintoleranz, Milcheiweißunverträglichkeit oder Fruktoseintoleranz?
- Dem wählerischen Essverhalten liegt manchmal ein schlimmes Erlebnis in der frühen Kindheit zugrunde (z. B. bei einem Frühchen, das zwangsernährt wurde, ein langer Krankenhausaufenthalt, Streit am Esstisch, eine Magen-Darm-Erkrankung).
- Es könnte sein, dass das Kind enorm sensibel im Mundbereich ist und stark auf Konsistenzen und Temperaturen reagiert (orale Restriktion). Supertaster oder hochsensible Menschen nehmen schon als Kind viel mehr wahr als andere und haben mehr Geschmacksknospen als andere Kinder.
- Manche Kinder haben motorische Probleme, Refluxprobleme oder es besteht eine Autismus-Spektrum-Störung. Diese Kinder essen oft viel eingeschränkter und haben Mühe, gewisse Lebensmittel zu sich zu nehmen.
- Auch die restriktive Essstörung ARFID könnte der Grund für das sehr eingeschränkte Essen sein. ARFID-Betroffene haben Ängste vor dem Essen, dem Verdauen oder psychische Probleme. Symptome sind Gewichtsverlust oder starker Nährstoffmangel. Diese Kinder sind im Alltag oft sehr eingeschränkt, gehen nicht zu Kindergeburtstagen, haben Probleme beim Auswärtsessen. In diesem Fall sollte man unbedingt mit dem Kinderarzt sprechen und zusätzlich psychologische Betreuung anfordern.

Warum Supertaster Bitterstoffe nicht mögen Supertaster schmecken und riechen meistens besser als ihr Umfeld. Diese Kinder oder Erwachsenen nehmen den Geschmack von Karotte, von Brokkoli, von Gewürzen wie Pfeffer, Basilikum aber auch Zucker viel intensiver wahr. Insbesondere Bitterstoffe werden als sehr unangenehm empfunden und deshalb abgelehnt.

Ein Erwachsener kann lernen, Bitterstoffe zu mögen, Kinder jedoch reagieren intuitiv: Alles, was bitter ist, könnte giftig sein. Supertaster sind sehr oft wählerischer als andere, es lohnt sich daher genau hinzuschauen, ob das eigene Kind auf Gerüche, Bitterstoffe usw. reagiert. Dann empfiehlt es sich, z. B. weniger zu würzen und zu salzen, weniger Knoblauch zu verwenden und auszuprobieren, welche Gemüse oder Lebensmittel gut funktionieren und in welcher Zubereitung.

Brokkoli oder Kohlgemüse, Artischocken und Salate schmecken für einige Menschen nicht süß, sondern sehr bitter und herb. Schuld daran kann auch das Molekül Phenylthiocarbamid (PTC) sein, dank dessen einige Menschen Bitterstoffe stärker wahrnehmen als andere. Anscheinend liegt die Ablehnung von Bitterstoffen aber in der Genetik und nicht daran, dass man mehr Geschmacksknospen hat.

Versuche dein Kind langsam an Neues und an Bitterstoffe zu gewöhnen.

Das Ziel bei einem sehr wählerischen Kind ist, dass es wieder beginnt, Gemüse zu essen oder Neues auszuprobieren. Kinder und Erwachsene müssen nicht alles mögen. Wenn dein Kind also z. B. Kohlgemüse ablehnt, dann serviere ihm zuerst anderes süßliches Gemüse. Versuche herbes Gemüse anzubraten, in Butter zu schwenken oder integriere den Brokkoli in Muffins oder Pancakes, um die Bitterstoffe zu mildern. Auf diese Weise gewöhnt sich das Kind langsam an die Bitterstoffe.

Gerade sehr wählerische Kinder mögen es nicht, wenn sich zwei Lebensmittel im Teller berühren. Trennkost ist hier wichtig und für Eltern einfach umzusetzen. Helfen können Kinderteller mit Abtrennungen. Liegt etwas einzeln und unvermischt vor dem Kind, steigt die Chance, dass es davon probiert.

Das Kind isst nicht gut oder sehr wenig

Wenn ein Kind immer sehr wenig oder eingeschränkt isst, sorgen sich die Eltern, ob die Nährstoffversorgung stimmt oder ob es genug zunimmt. Alle Kinder haben manchmal schwierigere Phasen. Aber wenn dein Kind wenig Gemüse oder sehr einseitig isst, kann es über längere Zeit zu einem Mangel kommen oder das Immunsystem geschwächt werden. Als Tipp gebe ich dir mit, dass du weiterhin ein gutes Vorbild bist und gesunde Lebensmittel kochst. Vielleicht isst dein Kind nicht gut, weil es zu viel Druck am Esstisch spürt. Vielleicht verbessert sich die Situation, wenn du etwas lockerer wirst und dein Kind nicht die ganze Zeit ans Essen oder Probieren erinnerst.

Manche Kinder nehmen kleinere Mengen zu sich und sind trotzdem gesund und voller Energie.

Nicht alle Kinder essen die gleiche Menge – manche essen tatsächlich weniger als der Durchschnitt. Sie nehmen kleinere Mengen zu sich und trotzdem an Gewicht zu und sind voller Energie. Solange sich das Kind gesund entwickelt, besteht kein Grund zur Sorge. Einige Kinder haben einfach weniger Interesse am Essen als andere, sie sind schneller satt und wollen sofort spielen gehen. Besprich deine Ängste aber unbedingt mit dem Kinderarzt oder der Kinderärztin.

Ich habe schon einige Kinder begleitet, die generell wenig essen, und zwar von Anfang an, seit dem Beikostalter. Oft ändern sie ihr Verhalten aber, wenn man ihnen mehr Autonomie und Verantwortung überträgt. Gib deinem Kind also die Freiheit, selbst zu entscheiden, wie viel es essen möchte, und biete ihm Essen regelmäßig an, aber ohne Druck. Vielleicht musst du auch nur die Essenszeit verschieben oder das Gemüse knusprig braten statt zu dämpfen. Beobachte dein Kind, notiere dir, welches Essen es mag und welches weniger – das kann aufschlussreich sein.

Weniger Süßigkeiten im Alltag Wenn ein Kind viel Süßes isst, schon zum Frühstück gezuckerte Cerealien, als Snack einen Kinderriegel, nach dem Mittagessen Schokolade und am Nachmittag vielleicht noch ein Eis, dann hat es viel Zucker intus. Studien haben gezeigt, dass Kinder, die viele Süßigkeiten essen, weniger gut Gemüse essen. Ein normaler guter Umgang mit Süßigkeiten ist deshalb wichtig.

Nachtisch ist erlaubt, gelegentlich etwas Schokolade ist in Ordnung. Süßes darf seinen Platz haben, sollte aber beim Essen nicht überwiegen. In der Ernährungspyramide nimmt es nur einen kleinen Teil ein. Außerdem ist es enorm wichtig, dass du Süßes nicht als Belohnung ausspielst: Bestich dein Kind nicht damit, dass es Schokolade bekommt, wenn es die Karotten isst.

Wann benötigen Kinder professionelle Unterstützung?

Wenn ein Kind sehr sehr wenig isst und abnimmt, solltest du den Arzt aufsuchen.

Manchmal dauert die wählerische Phase an. Studien belegen, dass Kinder, die älter als sechs oder sieben Jahre alt sind und immer noch sehr eingeschränkt essen, meist Unterstützung benötigen, um eine vielseitige, gesunde Ernährung zu lernen. Denn normalerweise sollte dein Kind mit dem Ende der Autonomiephase auch wieder probierfreudiger werden. Vielleicht hast du aber auch einen starken Supertaster oder ein hochsensibles Kind zu Hause und dein Kind erfährt die Welt und die Nahrungsmittel sehr viel intensiver als der Rest der Familie. Und dies schon seit der Beikostzeit.

Für diese Kinder kann man in einem Coaching mit gezielten Übungen, Trainings und auch dem richtigen Mindset der Eltern die Ess-Situation verbessern. Schon weniger Stress am Esstisch durch die Eltern bringt enorm viel. Ein Coaching macht aus meiner Erfahrung in jedem Alter Sinn, wenn Eltern an ihre Grenzen stoßen.

Wenn Eltern an ihre Grenzen stoßen, macht ein Coaching Sinn.

In fast allen Fällen arbeite ich zuerst mit den Eltern, damit sie ihr Kind besser verstehen. Im zweiten Schritt analysiere ich das Kind, um herauszufinden, woher sein Verhalten kommt. Mit kleinen Schrittchen schaffen wir es dann, dass die Kinder z. B. wieder Äpfel probieren, Nudeln essen, oder Karotten knabbern. Es lohnt sich immer, mit einem Experten Kontakt aufzunehmen, auch wenn man die Hoffnung schon aufgegeben hat.

Hilfe holen bei Experten Wenn ihr schon sehr lange Stress am Esstisch habt, wenn dein Kind schon sehr lange sehr eingeschränkt isst, wenn du denkst, dein Kind könnte hochsensibel sein und ihr als Eltern oft überfordert seid, dann kann es helfen, externe Hilfe zu holen. Du musst nicht warten, bis dein Kind in die Schule kommt, es kann schon vorher helfen, einen Experten oder eine Expertin hinzuzuziehen.

Durch einfache Strategien, kleine Änderungen und das richtige Mindset könnt ihr als Eltern lernen, wie ihr die Situation verbessert und euer Kind auf dem Weg zum „normalen" Essen unterstützt. Ihr braucht keine Angst zu haben, Rat bei einem Experten oder einer Expertin zu suchen, im Gegenteil, die Sicht von außen kann helfen, damit sich etwas verändert und ihr einerseits weniger Stress am Esstisch habt und auch euer Kind besser versteht.

Die zehn besten Tipps für Gemüsemuffel

Diese zehn Tipps sind die Basis, um dein Kind an eine gesunde und frische Ernährung zu gewöhnen. Oft helfen einige dieser Punkte, damit dein Kind mehr Gemüse isst oder die gesunde Ernährung zur Normalität wird. Wenn das wählerische Verhalten oder Stress am Esstisch schon lange andauern, benötigt es sicher individuellere Strategien.

1. Das Kind integrieren, zum Einkaufen mitnehmen, in den Garten, zum Bauern, mit dem Kind kochen.
2. Das Kind bei der Menüplanung miteinbeziehen und so kochen, dass es auch etwas davon mag.
3. Täglich Gemüse anbieten.
4. Vorbild sein.

5. Eine positive Stimmung am Tisch vermittelt Vertrauen.
6. Keinen Druck aufbauen.
7. Locker bleiben, wenn das Kind „igitt" sagt oder etwas ausspuckt.
8. Gemüse nicht nur verstecken, sondern regelmäßig auch als Ganzes servieren.
9. Keine Extragerichte kochen.
10. Viel Abwechslung bieten, farbig kochen, rohes oder gekochtes Gemüse anbieten.

Teile die Verantwortung mit deinem Kind Wenn du ein normales Essverhalten fördern willst, gibt es eine Grundregel, die ich als sehr hilfreich empfinde (angelehnt an die Theorie der amerikanischen Ernährungsexpertin Ellyn Satter): Teile die Verantwortung zwischen dir und deinem Kind beim Essen auf.

- **Ihr als Eltern bestimmt:** was es zu essen gibt, wann es zu essen gibt, wo gegessen wird
- **Das Kind bestimmt:** wie viel es isst, was es isst, ob es isst, wie es isst (von Hand, mit Löffel oder Gabel)

Halte dich an diese Regel und sei nicht gestresst, wenn dein Kind etwas nicht probiert oder isst. Achte aber darauf, dass immer auch etwas auf dem Tisch steht, was dein Kind mag oder schon mal gegessen hat. Stelle gewünschte Apfelschnitze und vielleicht ein Stück Brot auf den Tisch, damit das Kind etwas Gewohntes sieht und essen kann.

Erkläre deinem Kind, dass du nicht jeden Tag Nudeln mit Tomatensoße kochen kannst, sondern vielleicht auch mal Risotto mit Erbsen, weil ***du*** das magst, oder *du* mal etwas Neues ausprobieren möchtest. Erkläre ruhig, dass man nicht alles mögen muss und dass dies auch in Ordnung ist. Vielleicht hilft dir dein Kind bei der Menüauswahl oder ihr schaut zusammen ein Kinderkochbuch durch und probiert ein neues Rezept aus.

Alle Nährstoffe auf dem Teller

Die nachfolgenden Lebensmittelgruppen dienen dir als Baukasten für eine gesunde Ernährung. Es ist also gar nicht so schwierig.

Der Baukasten für die gesunde Ernährung

Gesund kochen mit dem Baukastensystem ist ganz einfach: Du nimmst aus jeder der Gruppen eine Zutat – so hast du immer ein gesundes Gericht auf dem Teller, das alle notwendigen Makronährstoffe sowie viele wichtige Mikronährstoffe und Ballaststoffe enthält. Achte auf die Vielfalt!

1. Gute **komplexe Kohlenhydrate:** Getreide wie Weizen, Dinkel, Roggen, Hafer, Hirse, Gerste, Reis und Pseudogetreide (Quinoa, Amaranth, Buchweizen) – so oft wie möglich in Vollkornqualität. Hülsenfrüchte liefern ebenfalls Kohlenhydrate.
2. **Gemüse und Obst** sie liefern Ballaststoffe, Vitamine und Mikronährstoffe. Dazu gehören auch Kräuter und Gewürze.
3. **Proteine:** Hülsenfrüchte, Tofu, Seitan, Tempeh, Produkte auf Erbsenproteinbasis, Hülsenfrüchtepasta, aber auch Milchprodukte (Käse, Frischkäse, Bio-Milch, Bio-Joghurt/-Quark) oder Milchalternativen (Hafer-/Sojadrink, Soja-/Kokosjoghurt, Soja-Skyr, veganer Käse auf Cashewbasis usw.)
4. **Nüsse und Samen** sowie gute **Fette** und **Öle** (insbesondere Omega-3-Fettsäuren)
5. **Wasser** (oder ungesüßte Getränke), keine Süßgetränke oder Obstsäfte

Diese fünf Bausteine dienen dir als Anhaltspunkt für eine gesunde Ernährung. Wenn du mit jedem Baustein dieser Gruppe regelmäßig kochst, dann ist deine Ernährung schon sehr gesund. Wichtig ist aber, dass du dir keinen Stress machst, jeden Tag alles genau so einhalten zu müssen. Versuche, jeden Tag so ausgewogen wie möglich zu gestalten. Es ist aber nicht so schlimm, wenn du es z. B. einmal nicht schaffst, viele Proteine auf den Teller zu bringen oder wenn du kein orangefarbenes Gemüse gekocht hast.

Versuche, jeden Tag so ausgewogen und vielfältig wie möglich zu gestalten.

Schau dir jeweils die Bilanz der ganzen Woche an und achte darauf, dass du alle Komponenten regelmäßig integriert hast, dann reicht das für eine gesunde Ernährung völlig aus. Es ist also auch okay, wenn ihr mal auswärts im Restaurant seid und die Kinder nur Pommes essen. Gestalte einfach die nächste Mahlzeit wieder frisch und farbig.

Tipps zur Nährstoffabdeckung für deinen Alltag Ich werde oft gefragt, was ein Kind täglich zu sich nehmen sollte, um ausreichend und gesund versorgt zu sein. Insbesondere die Themen Eisen- und Kalziumversorgung beschäftigen Eltern in vegetarisch oder vegan lebenden Familien oder von Kindern, die wenig Fleisch essen.

Ein Kind im Wachstum benötigt natürlich wie auch ein Erwachsener alle Mikro- und Makronährstoffe. Mit einer vollwertigen, farbigen Ernährung und den verschiedenen Zutaten aus den fünf Baukästen kannst du diese gut abdecken. Informiere dich trotzdem zusätzlich über die kritischen Nährstoffe, denn je nach Ernährungsform solltest du ein extra Augenmerk darauflegen (siehe Seite 25).

Achte täglich auf folgende Lebensmittel:

Für Kalzium, Zink und Proteine:

- zwei bis drei Portionen kalziumreiche Lebensmittel wie z. B. Milchprodukte oder Milchersatzprodukte mit Kalzium oder kalziumangereicherte Produkte
- veganen Sojajoghurt, Tofu, Pflanzenmilch sowie grünes Gemüse, Nüsse und Samen, Mineralwasser mit hohem Kalziumgehalt
- Wenn dein Kind am Morgen Milch oder einen Pflanzendrink mit Kalzium oder Joghurt ins Müsli nimmt, dazwischen Tofu oder Joghurt, grünes Gemüse und Nüsse oder Samen isst und kalziumreiches Mineralwasser oder am Abend nochmals Milch oder einen Pflanzendrink trinkt, ist das gut abgedeckt.

Für alle Mikronährstoffe (Beta-Carotin, B-Vitamine, Vitamin C und K, Magnesium, Kalzium, Eisen), Ballaststoffe, sekundäre Pflanzenstoffe:

- mindestens drei Portionen Gemüse in allen Farben, z. B. einmal Rohkost als Snack, gekochtes Gemüse zum Mittag- und Abendessen
- mindestens zwei Portionen Obst in verschiedenen Farben, z. B. zum Frühstück und als Snack

Für Eisen, Magnesium, Zink, Folat:

- eisenreiche Lebensmittel wie Haferflocken, Vollkornbrot, Ei, Hülsenfrüchte, Nüsse und Samen, Nussmus, grünes Gemüse – in Kombination mit Vitamin C
- Frühstücksmüsli mit Hafer, Hirse, Mandelmus sowie Früchten, Pancakes mit Ei und Hafer, grüne Puffer mit Hülsenfrüchten oder Ei, Haferflocken, Kernen

Die Hauptmahlzeiten (Mittagessen und Abendessen) bestehen aus:

- Proteinen: Tofu, Fleischersatz, Hülsenfrüchte, Haferflocken oder Vollkorngetreide, Kartoffeln, Quark, Frischkäse, Hüttenkäse, Käse, Ei, Nüsse
- guten Fetten und Ölen: Olivenöl, Rapsöl, Leinöl, Mandelmus, Omega-3-Öl, Nüsse
- langkettigen Kohlenhydraten: Vollkorn Nudeln, Dinkelnudeln, Vollkornreis, Urdinkelprodukte, Hülsenfrüchte, Kartoffeln, Hirse, Hafer, Vollkorncouscous, Vollkornbrot oder Teig mit dunklem Mehl
- viel Gemüse in allen Farben

12 Tipps für eine gesunde Ernährung

Viele denken, dass eine Ernährungsumstellung schwierig sei. Dabei musst du nur damit beginnen und nach und nach einige Dinge umstellen. Hier sind einige Tipps. Wähle ein bis zwei Punkte aus der Liste und starte einfach mal.

Tipps, die du sofort umsetzen kannst

1. Koche öfter frisch und mit weniger Fertigprodukten.
2. Probiere, die „5 am Tag" (drei Portionen Gemüse, zwei Portionen Obst) mit gesunden Snacks und Gemüse zu jeder Hauptmahlzeit zu erreichen
3. Esst täglich auch Rohkost.
4. Wähle mehr Vollkorn und verwende auch mal andere Getreidesorten, nicht nur Weizen (z. B. Hafer, Dinkel, Roggen).
5. Verwende weniger tierische Produkte – und wenn, wähle Bioqualität. Probiere es mal mit pflanzlichen Milchalternativen, Joghurt oder Tofu.
6. Verwende hochwertige Fette und Öle.
7. Verwende Zucker und Salz nur sehr sparsam.
8. Esst mehr Samen und Nüsse (auch als Nussmus) oder Sprossen.
9. Esst mehr Hülsenfrüchte.
10. Trinkt nur ungesüßte Getränke, am besten stilles Wasser.
11. Bereite das Essen schonend zu (nicht bei extrem hohen Temperaturen braten, nicht verbrennen lassen, erhitzbares Öl verwenden, Gemüse mit wenig Wasser dünsten).
12. Essen muss Spaß machen, soll farbig und vielseitig sein: Esst den Regenbogen in allen Farben!

Viele denken, frisch zu kochen dauert länger, doch das ist überhaupt nicht so.

Schnell mehr Gemüse auf dem Teller

Wenn du für dich und deine Kinder gesünder und mit mehr Gemüse kochen möchtest, solltest du versuchen, frisch zu kochen. Viele denken, frisch zu kochen dauert länger, doch das ist überhaupt nicht so. Hier folgen einige Tipps aus meinem Alltag, wie du schnell und einfach mehr Gemüse auf den Teller bringst:

- Gemüse kannst du am Morgen vorbereiten, in eine Tupperschale packen und im Kühlschrank lagern.
- Verwende mehr Tiefkühlgemüse (ungewürzt). Es ist weder ein Fertigprodukt noch ist Tiefkühlgemüse ungesünder, manchmal enthält es sogar mehr Vitamine.
- Koche Gemüse vor (kurz blanchieren) und friere es ein, damit du es für schnelle Rezepte verwenden kannst. Wenn du also nächstes Mal Zucchini, Paprika, Karotten oder Brokkoli kochst, verwende die doppelte Menge und nimm nach einigen Minuten die Hälfte raus. Mit kaltem Wasser abschrecken, abtropfen und tiefkühlen.
- Wenn du Nudeln, Reis, Couscous, Spätzle usw. machst, ist es wenig Arbeit, eine kleine Pfanne mit Gemüse und etwas Brühe zu füllen und daneben köcheln zu lassen. Wenn das Gemüse klein geschnitten wird, dauert es höchstens zehn Minuten. Ich koche es meistens fünf Minuten auf, drehe den Kochherd ab und lasse es dann stehen.
- Integriere Gemüse in Suppen, Soßen, Dips, Kartoffelpüree (Kartoffelstock), One-Pots, Eintöpfe, Brötchen, Wraps, Porridge, Müsli, Pancakes, Waffeln und Puffer.
- Biete Gemüsedips zu den Snacks an, nicht nur Obst.
- Gemüse geht auch süß: in Brownies, Muffins, süßen Pancakes/Pfannkuchen oder Waffeln, Cookies, Smoothies.

Welches Gemüse eignet sich wofür?

Süße Gerichte wie Müsli, Pancakes, Pfannkuchen oder Waffeln, Smoothies: Zucchini, Kürbis, Karotten, Süßkartoffeln, Rote Bete, Spinat
Soßen, Pesto und Dipsoßen oder Hummus: Rote Bete, Karotten, Paprika, Kürbis, Pastinaken, Tomaten, Spinat
One-Pots, Aufläufe, Wraps, Muffins oder Suppen: Karotten, Brokkoli, Blumenkohl, Kohlrabi, Erbsen, Bohnen, Spinat, Mais, Süßkartoffeln, Kürbis, Kartoffeln, Zucchini, Lauch (Porree)

Standardgerichte sind erlaubt

Kinder mögen es oft einfach. Hab also nicht den Anspruch, dass du lange in der Küche stehen musst. Ich kenne diese stressigen Tage, an denen ich einfach darauf achte, dass genug Gemüse dabei ist und es keine Fertigprodukte sind, aber vielleicht fehlt dann das Protein oder es sind normale Nudeln. Und wenn es mal Gnocchi aus dem Kühlfach sind, dann ergänze ich einfach mit viel Gemüse und Tofu und habe eine vollwertige, halbwegs gesunde Mahlzeit und dafür nicht allzu viel Stress in der Küche.

Kinder mögen es oft einfach. Hab also nicht den Anspruch, dass du extrem lange in der Küche stehen musst.

Wie viele andere Familien haben wir diverse Standardgerichte, die es fast jede Woche gibt. Meine Kinder könnten jeden zweiten Tag Nudeln essen, alleine deshalb variiere ich hier wenigstens mit den Soßen und dem Gemüse als Beilage. Wir essen mindestens einmal die Woche Nudeln mit einer Tomatensoße, manchmal ist es eine Linsenbolognese oder Sojahackbolognese, dann kann es aber auch eine Gemüse-Tomatensoße oder ein Pesto sein. Mit den Nudelresten koche ich meistens noch eine Nudelgemüsepfanne in der Bratpfanne, so habe ich schon variiert und vorgekocht.

Wichtig ist, dass über die Woche eine Ausgewogenheit und Vielfalt auf dem Teller zu finden ist und es nicht jeden Tag Nudeln mit Tomatensoße gibt, sondern verschiedene Farben, verschiedene Gemüse, Getreide und Proteine.

Musterbeispiel für einen gesunden Tag

BEISPIELTAG	VEGETARISCH	VEGAN
Frühstück	Powermüsli mit Haferflocken, Mandelmus, Beeren, Naturjoghurt oder Milch, Banane, Kernemix, alternativ Vollkornbrot mit Mandelmus/Butter und Früchte	Powermüsli mit Haferflocken, Mandelmus, kalziumangereicherter Pflanzenmilch, frischen Beeren, Banane, Kernemix, alternativ Vollkornbrot mit Mandelmus und dazu Früchte
Snack	1 Portion Obst nach Saison, 1 Maiswaffel mit Mandelmus, 3 Stücke Gurke, einige Nüsse	½ Apfel, Vollkorncracker oder -brot mit Mandelmus, 3 Stücke Gurke, Nüsse oder Dörrfrüchte
Mittagessen	Spinat-Pancakes mit Apfelmus oder Apfelschnitzen	Hirsotto mit Erbsen
Snack	Banane und getrocknete Erdbeerchips, 1 Dörraprikose, Vollkorncracker (oder selbstgemachter Smoothie) oder ein Stück Käse oder Joghurt	1 Portion Obst nach Saison, 1 Dörraprikose, 1 Maiswaffel, eventuell Gemüsesticks, selbst gemachter grüner Smoothie oder Sojajoghurt
Abendessen	Rohkost als Vorspeise (Gurke, Kohlrabi, Paprika, Tomate), dann Karotten-Kartoffel-Rösti mit Spiegelei mit Käse oder Vollkornpenne mit Gemüse-Linsen-Tomatensoße und Parmesan	Rohkost als Vorspeise (Gurke, Kohlrabi, Paprika, Tomate), Kartoffel-Gemüse-Pfanne mit Karotte, Brokkoli, Kohlrabi, vegane Bohnenbällchen oder Vollkornpenne mit Gemüse-Linsen-Tomatensoße und veganem Parmesan
optional vor dem Schlafengehen	1 Glas Milch oder etwas Wasser	1 Glas Sojamilch mit Kalzium oder kalziumreiches Mineralwasser

Menüplan und Meal Prepping

Der Menüplan, die dazugehörende Einkaufsliste und das Einplanen von Resten sparen enorm Zeit und werden dir das Leben vereinfachen. Ich zeige dir hier, wie du die Menüplanung startest und Mahlzeiten sinnvoll vorbereitest.

Eine Wochenplanung ist das Wichtigste, um sich das Leben zu vereinfachen. Dadurch sparst du Zeit und musst unter der Woche nicht überlegen, was du wann kochst.

Eine Wochenplanung ist das Wichtigste, um sich das Leben zu vereinfachen.

Identifiziere die kritischen Tage, an denen es schnell gehen muss, und finde fünf bis zehn Rezepte, die du a) schnell zubereitest oder b) vorbereiten kannst. Oder plane an diesen Tagen Meal Prepping ein, bereite also einen Großteil der Gerichte vor.

Wie du einen Menüplan erstellst

Das Schreiben des Menüplans kann am Anfang kompliziert wirken, wird mit der Zeit aber zur Routine.

Zeitpunkt: Suche dir eine Stunde pro Woche, in welcher du die folgende Woche (oder sogar folgenden zwei Wochen) vorplanen kannst und den Menüplan schreibst. Trag dir den Termin in den Kalender ein, damit du ihn nicht vergisst.

Inspiration: Je nachdem, wo ich meine gespeicherten Rezepte habe oder wo ich mich inspirieren lassen möchte, schaue ich dort kurz rein. Ich nehme auch manchmal einige meiner Lieblingskochbücher und blättere sie durch, manchmal auch mit meinen Kindern. Wenn mir im Alltag ein Rezept auffällt, mache ich ein Foto und lege es in meinen Rezepte-Ordner.

Einkaufsliste: Wenn du deinen Menüplan erstellt hast, planst du gleichzeitig auch deinen Wocheneinkauf. Nur Frischprodukte wie Salate, Gemüse und Obst oder allenfalls Brot kaufst dann unter der Woche ein- bis dreimal. Brot kannst du auch einfrieren und kaufst es nur einmal pro Woche. Tipp: Achte darauf, dass die ungekühlten Grundnahrungsmittel für eure häufig gekochten Rezepte immer da sind, um nicht jede Woche alles neu kaufen zu müssen. Weiter hinten im Buch findest du eine Liste mit Grundnahrungsmitteln, die ich immer zu Hause habe (siehe Seite 69). Die gekühlten und frischen Lebensmittel kaufe ich aber wöchentlich neu ein.

Ich überlege mir folgende Fragen, wenn ich mich an den Tisch setze und meinen leeren Menüplan vor mir habe:

Welche Rezepte wollen wir nächste Woche essen (abhängig von der Saison, von Aktivitäten usw.)?
Ich beginne mit den stressigen Tagen und überlege, wann ich etwas vorkochen kann. Ich gehe nie der Reihenfolge nach, also nicht „Montag, Dienstag ..."

Wie kann ich die Rezepte kombinieren, damit jeder von uns eine Komponente findet, die gerne gegessen wird?
Mein älterer Sohn mag z. B. keine Erbsen, der jüngere jedoch schon. Also versuche ich dies einfließen zu lassen, koche für uns Erbsen, aber der Ältere bekommt noch seinen Brokkoli. Isst einer keinen Auflauf, habe ich vielleicht noch andere Reste vom Vortag.

Wie bringe ich möglichst viele Nährstoffe in die Gerichte?
Ich versuche, gesunde Getreide, verschiedene Eiweißquellen und Gemüse in den Plan einzubauen. Ich schaue darauf, dass wir nicht an zwei aufeinanderfolgenden Tagen Nudeln essen oder das Gleiche essen. Zum Mittagessen etwas Einfaches, das die Kinder mögen, wie Kartoffelstampf, Polenta, Pancakes oder Kartoffelpfanne. Dann achte ich darauf, dass wir zweimal die Woche Hülsenfrüchte und weitere Eiweißquellen wie Tofu, Quorn, Eier essen.

Wie bringe ich Abwechslung in den Menüplan?
Ich überlege, welches Obst und Gemüse Saison haben, und wähle danach aus. Dann überlege ich: Wie kann ich den Plan so schreiben, dass ich möglichst viele Mahlzeiten einplanen kann, ohne viel zu kochen? Ich achte darauf, dass ich einmal die Woche etwas Neues ausprobiere, und an den Tagen, an denen es schnell gehen muss, eines meiner zehn schnellen Rezepte zum Zuge kommt. Natürlich ist es völlig okay, wenn jede Woche einige unserer Standardrezepte auf dem Plan zu finden sind. Ich kann sie je nach Gemüse- oder Eiweißbeilage verändern.

Tipps für Menüplan-Anfänger

- Nimm ein bis zwei neue Rezepte pro Woche – nicht mehr, um niemanden zu überfordern.
- Nimm ein bis zwei Rezepte, die ihr alle liebt, und ändere sie gesünder ab.
- Nimm Rezepte, die du wirklich lecker findest und die von deinen Kindern akzeptiert werden.
- Nutze auch TK-Gemüse oder einen Gemüsezerkleinerer, um Zeit zu sparen: Je kleiner das Gemüse geschnitten ist, desto schneller wird es gar.

Fertiggerichte – ja oder nein?

Wenn du dich gesund ernähren willst, ist die frische Zubereitung das A und O. Viele Gerichte benötigen wirklich nur ein wenig mehr Aufwand als ein Fertiggericht, enthalten dafür aber keine schädlichen Zutaten wie Transfette, unnötigen Zucker, der als Geschmacksverstärker enthalten ist, E-Nummern, Glutamat oder Zusatzstoffe.

Viele Gerichte benötigen nur ein wenig mehr Aufwand als ein Fertiggericht, enthalten dafür aber keine schädlichen Zutaten und viel wichtige Nährstoffe.

Unter Fertiggerichten verstehe ich Fertigpizza, Toastbrot oder TK-Gerichte wie Lasagne und Spinattasche, also hoch verarbeitete Gerichte. Aber auch Tortellini oder Gnocchi sowie vegetarischer Fleischersatz, Fertigsalate usw. gehören zu verarbeiteten Lebensmitteln.

Meiner Meinung nach ist es aber völlig okay, wenn du ab und zu auch Fertigspätzle oder Gnocchi machst. Peppe sie mit frischem Gemüse auf und koche den Rest der Woche frisch. Du musst für dich herausfinden, wie viele Fertigprodukte für euch in Ordnung sind.

Übrigens, auch Tofu oder Joghurt gelten als verarbeitet, aber nicht so stark wie andere Lebensmittel wie Fertigpizza und Fertiglasagne und sie enthalten wenig bis keine schädlichen Zusatzstoffe. Es lohnt sich, einen Blick auf die Etiketten und die Zutaten zu werfen und sich zu überlegen, wie viele Verarbeitungsschritte dahinterstecken.

Etiketten lesen und verstehen

Eine Hilfe, die ich in meinen Ernährungscoachings den Eltern mitgebe, ist das Etikettenlesen. Wenn du verstehst, was in einem Lebensmittel drin ist, wirst du besser unterscheiden können, ob es gut ist, oder ob du es lieber nicht kaufst.

Auf dem Etikett eines vorverpackten Lebensmittels – und davon kaufen wir heute einige – sind verschiedene Informationen über die Makronährstoffe sowie Zucker, Salz, Ballaststoffe verpackt. In der Nährwerttabelle siehst du meistens die Mengen der folgenden Nährstoffklassen:

- Brennwert/Energiegehalt
- Kohlenhydrate inkl. Zuckeranteil
- Fett
- gesättigte Fettsäuren
- Eiweiß
- Ballaststoffe
- Salz

Die Brennwert-Angabe (Energiegehalt) in kcal zeigt die Kalorien, die das Produkt pro 100 g enthält. Da lohnt es sich natürlich, einen Blick auf die Menge zu werfen, die man isst.

Den Zuckeranteil eines Produkts findet man über Kohlenhydrate „davon Zucker" heraus. Diese zwei Zahlen können sich stark unterscheiden. Übrigens: Produkte, die als „zuckerfrei" deklariert sind, enthalten oft künstliche Süßstoffe oder Zuckeralternativen. Achte auf versteckte Zuckerarten (Dextrose, Maltose, Apfeldicksaft, Fruktose, Saccharose).

Fette enthalten doppelt so viele Kalorien wie Kohlenhydrate oder Proteine.

Beim Fett ist es aus gesundheitlicher Perspektive wichtig, auf ungesättigte Fettsäuren zu achten, das sind die gesünderen Fette wie z. B. Omega-3-Fettsäuren. Ein hoher Anteil an gesättigten Fettsäuren ist nicht zu empfehlen. Fette enthalten übrigens doppelt so viele Kalorien wie Kohlenhydrate oder Proteine.

Ich achte zudem bei einem Etikett auf einen hohen Ballaststoffanteil, denn dann hat das Produkt viele wichtige Nahrungsfasern.

Neben den Nährwerten sollte man auch immer die Zutatenliste lesen. Sind viele Zutaten drin, ist das oft ein Hinweis für ein weniger gesundes Produkt. Insbesondere wenn E-Nummern und minderwertige Zusatzstoffe, Geschmacksverstärker oder Zuckerarten aufgelistet sind (z. B. gehärtete Fette, modifizierte Stärke, Glukosesirup, Glutamat), handelt es sich um ein hoch verarbeitetes Produkt. Alles, was hoch verarbeitet ist, enthält viel weniger Nährstoffe und Vitamine. Bei verarbeiteten Lebensmitteln solltest du darauf achten, dass die Zutatenliste eher kurz ist.

Wichtig zu wissen: Ein Produkt kann einen hohen Zuckergehalt ausweisen, ohne dass ein Zucker zugesetzt wurde. Und umgekehrt kann der Zuckergehalt klein sein, obwohl in der Zutatenliste ein Zucker als Zutat ausgewiesen wird. Schlussendlich gilt der erwähnte Zuckergehalt in der Tabelle, denn auch Früchte, Fruchtsaft usw. oder Dörrfrüchte können einen hohen Zuckergehalt haben.

Meal Prepping: Clever vorbereiten

„Meal Prep“ oder „Meal Prepping“ heißt eigentlich nichts anderes, als Mahlzeiten vorzubereiten. Ich empfehle dies allen Eltern für die Tage, an denen es schnell gehen muss. Anstelle der Fertigpizza oder Tortellini aus der Packung bereitest du eine gesunde Mahlzeit für die kommenden Tage in 20 bis 25 Minuten vor. Koche z. B. auch für zwei bis drei Tage vor oder für diejenigen Tage, an denen du spät nach Hause kommst.

Ich empfehle Meal Prepping allen Eltern für die Tage, an denen es schnell gehen muss.

Tipps für die Meal-Prep-Organisation:

- Analysiere die stressigen Tage und baue sie in der Menüplanung mit ein.
- Baue deinen Vorratsschrank (siehe Seite 69) mit Lebensmitteln für schnelle Rezepte gut auf; insbesondere TK-Gemüse eignet sich hier gut.
- Schreibe dir die Meal-Prep-Rezepte auf eine Karte und kombiniere immer zwei Rezepte. Idee 1: Du kochst einmal Kartoffeln für Rösti mit Gemüse. Indem du die doppelte Menge Kartoffeln kochst, kannst du ein bis zwei Tage später daraus einen Kartoffelsalat, Kartoffel-One-Pot oder Älpler Maggronen zusammen mit Nudelresten zubereiten. Idee 2: Du kochst Nudeln (doppelte Menge) und eine Tomatensoße (doppelte Menge). Zwei Tage später machst du gebratene Nudeln mit Gemüse und Tofu und noch einen Tag später kannst du die Tomatensoße für eine schnelle Pizza oder Gnocchi oder eine Tomatensuppe verwenden.

Meine schnellsten Rezepte für den hektischen Familienalltag

- Pancakes oder Omeletts mit TK-Spinat (Teig vorbereiten)
- Polentaschnitten mit gebratenem Gemüse (Polenta vorkochen) oder schnelle Polenta mit Rahmspinat
- Kartoffel-Gemüse-Pfanne (Kartoffelreste verwenden, Hülsenfrüchte integrieren (TK oder aus dem Glas) plus farbiges Gemüse)
- Gebratener Gemüsereis mit Erbsen und Brokkoli (Reisreste verwenden) oder Reiskroketten mit Rohkost
- Birchermüsli (am Vortag oder Morgen vorbereiten)
- One-Pot-Pasta mit Tomatensoße und Erbsen (alles in einer Pfanne gekocht)
- Wraps mit gebratenem Gemüse, Feta, Falafel oder Tofu
- Nudelreste mit vorgekochter Tomatensoße, dazu frisches Gemüse und rote Linsen für die Soße

Geeignete Lebensmittel

Plane deine Reste innerhalb deiner Wochenplanung fest für ein Resterezept ein.

Plane deine Reste innerhalb deiner Wochenplanung fest für ein Resterezept ein. Beachte: Wenn du Meal Prepping machst, benötigst du etwas mehr Platz in deinem Kühlschrank oder Tiefkühlfach! Die folgenden Punkte zeigen dir, was du alles vorkochen und vorbereiten kannst:

- Gemüse (und Obst) kannst du am Vorabend oder Morgen vorschneiden, in eine Frischhaltebox verpacken und im Kühlschrank lagern.
- Salat kannst du am Vorabend waschen, trocknen und luftdicht verpacken. Rohe Salate mit Soße wie z. B. Karotten- und Selleriesalat, halten sich ein bis zwei Tage im Kühlschrank. Ich empfehle, sie getrennt von der Soße aufzubewahren.
- Gekochten Reis über drei bis vier Tage im Kühlschrank aufbewahren, man kann ihn auch einfrieren. Koche immer die doppelte Portion.
- Gekochte Nudeln kann man mehrere Tage im Kühlschrank lagern.
- Kartoffeln kann man mehrere Tage im Kühlschrank aufbewahren (nicht einfrieren). Mit ihnen kannst du am nächsten oder übernächsten Tag ein weiteres Gericht (Auflauf, One Pot, Rösti, Salat, Suppe) zubereiten.
- Quinoa oder Couscous halten sich mehrere Tage im Kühlschrank. Hülsenfrüchte und Tofu kann man vier bis fünf Tage im Kühlschrank aufbewahren.
- Hummus und Soßen sind gut verschlossen bis zu einer Woche haltbar. Koche immer zwei bis drei Portionen, fülle sie in eine Box zur späteren Verwendung ab und friere einmal eine ausreichende Menge ein.
- Eintöpfe und Suppen sind drei bis vier Tage im Kühlschrank haltbar.

- Gebratenes lässt sich zwei bis drei Tage im Kühlschrank aufbewahren. Tierische Produkte halten sich weniger lang als pflanzliche.
- **Overnight Oats** oder **Müsli** am Vorabend in Schalen vorbereiten, am nächsten Tag nur noch Milch darüber gießen.
- Für Smoothies schneidest du Obst und Gemüse vor, packst es ab oder füllst es püriert in kleine Formen für den Kühlschrank.
- Koche nur die Proteine vor, z. B. Tofu und Linsen, dann sind sie schnell einsatzbereit.
- Selbst gemachter Pizzateig und selbst gemachte Tomatensoßen lassen sich auch gut einfrieren.

Kühlen und Einfrieren

Das gekochte Essen sollte nach dem Abkühlen rasch in den Kühlschrank gestellt oder im Tiefkühlfach verstaut werden. Im Winter einfach kurz nach draußen stellen zum Abkühlen, dann geht es schneller und die Gefahr von Bakterienbildung verringert sich.

Beschrifte die Gerichte für den Gefrierschrank immer mit Datum, Inhalt und Portionenanzahl. Tiefgekühlt halten sie sich bis zu sechs Monate. Leg nur abgekühlte Ware in den Gefrierschrank.

Lagere dein Essen in gut verschließbaren Behältern. Luftdicht verpackt hält es sich länger.

Lagere Soßen immer separat in einem kleinen Behälter, damit die übrigen Zutaten knackig frisch bleiben und nicht einweichen.

Lagere dein Essen in gut verschließbaren Behältern. Luftdicht verpackt hält es sich länger.

Nicht zum Einfrieren geeignet sind:

- Milchprodukte
- gekochte Kartoffeln
- Nudeln
- wasserhaltige Produkte wie Melone, Gurke, Salat

So wärmst du Essen auf Hole entweder am Vorabend oder am Morgen das Essen aus dem TK, damit es schonend auftauen kann. Zum Aufwärmen kannst du warmes Wasser, die Mikrowelle, den Backofen oder eine Pfanne/Bratpfanne mit Deckel wählen. Gib ein bis zwei Esslöffel Wasser dazu, damit nichts anbrennt. Koche alles einmal auf, damit Bakterien abgetötet werden. Wenn das aufgewärmte Essen fad schmeckt, einfach etwas nachwürzen.

Schneller kochen

Mit den folgenden Tipps gelingt es dir, innerhalb weniger Minuten gesund zu kochen:

- Je kleiner Gemüse geschnitten wird, desto schneller ist es gekocht oder gedämpft (sechs bis zehn Minuten).
- Immer TK-Gemüse auf Vorrat haben – es enthält noch genügend Vitamine, ist fast wie frisch und schnell zubereitet (TK-Erbsen, -Spinat, -Brokkoli, -Karotten). Dosengemüse empfehle ich nicht, es enthält weniger Vitamine und schmeckt auch nicht so frisch.
- Manchmal geht es schneller, wenn du Wasser im Wasserkocher vorkochst.
- Bei jeder Pfanne und jedem Kochtopf immer einen Deckel benutzen, er spart Energie und Zeit. Gemüse wird schneller gar, wenn ein Deckel auf der Pfanne ist.
- Benutze einen Schnellkochtopf oder Dampfgarer (sogar mit Timer möglich).
- Wähle für die stressigen Tage Reis- oder Nudelsorten, die nicht länger als zehn Minuten kochen müssen.
- Wenn du nicht gern viele Pfannen abwäschst, versuch es mit One-Pot-Gerichten, dann ist alles in einer Pfanne, z. B. Gemüse-Nudel-Pfanne, Kartoffel-Gemüse-Tofu-Pfanne, Chili sin Carne, Nudel-Tomatensoßen-One-Pot, diverse Eintopf-Gerichte.

Gut organisiert in der Küche

Eine gute Organisation, ein clever angelegter Vorrat, die richtigen Küchenutensilien und der Menüplan erleichtern dir das Kochen im hektischen Familienalltag.

Unentbehrliche Küchenhelfer

Wenn es schnell gehen muss, sind einige Küchenhelfer unabdingbar. Die richtigen Behälter, um Essen aufzubewahren, gehören ebenso dazu wie ein gutes Küchenmesser, ein Pürierstab oder allenfalls sogar eine Küchenmaschine, die dir Arbeit abnimmt.

- Pürierstab oder Küchenmaschine zum Zerkleinern und Pürieren von Suppen, Soßen, für Pancaketeig, Energyballs und Smoothies
- Pesto-Maker oder Zerkleinerer für Pesto und Energyballs
- ein gutes Messer, um schnell und klein schneiden zu können (je kleiner etwas geschnitten, desto schneller ist es gar)
- Bircher-Reibe

- Tupper- oder Glasbehälter zum Einfrieren und Aufbewahren
- Marker, um im Kühlschrank alles mit Datum anzuschreiben, um das Ablaufdatum im Blick zu haben (direkt auf Verpackungen oder auf Klebstreifen auf Tupper).
- Kindermesser und Fach mit Schneidebrett, Tupper etc. für das Kind, damit es helfen kann
- gute Pfannen mit Deckel (spart Energie, kocht schneller) bzw. energiesparende Pfannen

Küchenvorrat für die schnelle Küche

Einige Lebensmittel sollte man immer im ungekühlten Vorratsschrank oder auch auf der Wocheneinkaufsliste haben. Damit kochst du schnelle und gesunde Gerichte. Das gehört immer in den ungekühlten Vorratsschrank:

Mit Lebensmitteln aus dem ungekühlten Vorratsschrank kochst du schnelle und gesunde Gerichte.

Getreide:

- Nudeln, Vollkornnudeln, Dinkelnudeln, Reisnudeln
- Reis, Risottoreis, Vollkornreis, Basmatireis
- Polenta fein
- Vollkorncouscous
- Dinkelgrieß, Weizengrieß
- Quinoa, Amaranth, Buchweizen und andere Getreide
- Paniermehl
- Dinkelmehl/Vollkornmehl

Gemüse und Hülsenfrüchte:

- Kartoffeln
- TK-Gemüse wie Edamame, Erbsen, Brokkoli, Blumenkohl, Spinat (wenn möglich ungewürzt)
- Mais in der Dose
- Zwiebeln, Knoblauch
- trockene Kichererbsen
- getrocknete weiße Bohnen (oder in der Dose)
- rote Linsen
- Kichererbsen (Dose oder Glas)
- getrocknete Pilze

Würzmittel:

- Gemüsebrühe ohne Glutamat
- Hefeflocken
- jodiertes Salz
- Gewürze (Basilikum, Oregano, Kräutersalz, Pfeffer, Paprika, Kurkuma, Knoblauchpulver)

Weitere Lebensmittel (ungekühlt):

- Sojasahne (für Soßen, Suppen)
- ungekühlter Tofu
- Sojahack getrocknet
- getrocknete Pilze
- Kokosmilch für Soßen, Suppen
- Pelati in der Dose

Zum Backen und fürs Frühstück:

- Dinkelmehl, Vollkornmehl, helles Weizenmehl
- Maisstärke
- Backpulver oder Weinsteinbackpulver
- Agar-Agar
- Trockenfrüchte (Datteln, Aprikosen, Rosinen)
- Apfelmark im Glas
- Dattelsüße
- Reissirup, Ahornsirup, Dattelsüße (Dattelzucker)
- Hafermilch, Sojamilch
- Mandelmus
- Haferflocken, Hirseflocken
- Zimt
- Vanillemark
- rohes Kakaopulver (ungesüßt)
- ungesüßte Cornflakes
- Sonnenblumenkerne
- Kürbiskerne
- Leinsamen
- Nüsse
- Kerne und Samen
- Trockenfrüchte (Datteln, Aprikosen, Rosinen)
- Cracker
- Nussmus

Nachhaltig und ökologisch kochen

Du hast jetzt die Basics und weißt, was eine gesunde, vollwertige Mahlzeit ausmacht und wie du mehr Gemüse auf den Teller bringst. In diesem Abschnitt geht es nun um die Themen Resteverwertung, nachhaltig kochen und Vermeidung von Foodwaste.

In den letzten Jahren haben Unwetter und Hitzeperioden zugenommen, der Klimawandel ist nicht mehr abstrakt. Umso wichtiger ist es, auf unsere Ressourcen und somit auch auf unsere Ernährungsform zu achten. Der hohe Fleischkonsum und die Fleisch- und Milchindustrie haben unter anderem Auswirkungen auf den Klimawandel. Tierische Lebensmittel benötigen beispielsweise mehr Wasser und CO_2 in der Produktion als pflanzliche. Außerdem ist der CO_2-Ausstoß bei frischen, unverarbeiteten und pflanzlichen Lebensmitteln sehr viel geringer.

Wir alle sollten unsere Verantwortung wahrnehmen und uns heute um unseren Planeten kümmern. Unsere Kinder sollen auf einem Planeten leben können, der weiterhin lebenswert ist. Eine nachhaltige, klimafreundliche Ernährung besteht also zu einem Großteil aus pflanzlichen Lebensmitteln, wenn möglich saisonal und in der Region produziert.

Ganzheitlich denken Ich denke als Coach immer ganzheitlich und auch die Ernährung ist ein ganzheitliches Thema, bei welchem nicht nur das reine Lebensmittel, sondern auch die Herkunft und Produktionsart (innovative Konzepte wie z. B. Urban Farming, Vertical Farming) berücksichtigt werden sollten. Ich unterstütze deshalb auch gern Start-ups und lokale

Produzenten, die sich Gedanken um unsere Zukunft machen und neue, innovative Produkte auf den Markt bringen, oder neuartige, klimafreundliche Verpackungen und klimaneutrale Logistik verwenden.

Eine nachhaltige Ernährung hat eine geringere Auswirkung auf unsere Umwelt und sorgt für psychisches und physisches Wohlbefinden, also für mehr Gesundheit.

Eine nachhaltige Ernährung hat eine geringere Auswirkung auf unsere Umwelt und sorgt für psychisches und physisches Wohlbefinden.

Unter vollwertiger Ernährung versteht man Lebensmittel, die alle nötigen Nährstoffe liefern, hauptsächlich bestehend aus pflanzlichen Quellen wie Obst, Gemüse und Vollkorngetreide. Diese Ernährung besteht zudem aus wenig tierischen Produkten, Zucker und Salz und wenig Fertigprodukten. Wenn du clever und nachhaltig essen möchtest, erhöhst du den Anteil an saisonalem Gemüse und deckst mehr Proteinquellen durch pflanzliche Eiweiße ab.

Außerdem achtest du wenn möglich auf bio – oder zumindest darauf, den Bio-Anteil zu erhöhen. Eine biologische Produktionsweise trägt der Umwelt meistens mehr Rechnung, als es die konventionelle Landwirtschaft tut. Das heißt nicht, dass in der biologischen Produktion nicht auch Pflanzenschutzmittel etc. eingesetzt werden, aber es gibt mehr Restriktionen und die eingesetzten Mittel sind nicht chemisch-synthetisch. Wichtig: Auch konventionelle Landwirte tragen Sorge für die Umwelt und haben Auflagen. Am besten kennst du den Bauern deines Vertrauens und sprichst mit ihm.

Ein Vorteil der vollwertigen Ernährung ist übrigens, dass sie ballaststoffreich ist, was sich positiv auf die Menge der Mikronährstoffe, aber auch auf Verdauung und Darmgesundheit auswirkt.

Nachhaltigkeit in der Küche

Die pflanzenbasierte, vegetarisch-vegane Küche ist nachhaltiger, denn die pflanzlichen Lebensmittel und deren Produktion brauchen weniger CO_2, Wasser und Energie. Es geht jedoch nicht nur um die Art und Herkunft der Lebensmittel, sondern auch darum, wie du einkaufst, dich informierst und wie ökologisch du kochst. Wenn dir die Nachhaltigkeit auch wichtig ist, habe ich hier einige einfache Tipps, wie du nachhaltiger kochen kannst.

Ganz wichtig: Du musst nicht alle Tipps immer zu 100 % umsetzen, der erste Schritt ist, dass du dir bewusst wirst, wo du was tun und optimieren kannst. Mach kleine Schrittchen, starte mit ein, zwei Punkten und verbessere dich laufend. Wenn jeder so viel macht, wie er kann, tun wir zusammen schon sehr viel für unseren Planeten!

Wenn jeder so viel macht, wie er kann, tun wir zusammen schon sehr viel für unseren Planeten!

So wird deine Küche nachhaltig:

- Kaufe saisonal und regional ein (siehe Saisonkalender auf Seite 76), ziehe bio vor.
- Informiere dich: Achte auf Bio-Labels und vor allem bei exotischen Lebensmitteln auf Fair Trade und kurze Transportwege.
- Iss so oft wie möglich pflanzenbasiert.
- Verwende Deckel auf den Pfannen und schaffe dir eine energiesparende Pfanne an.
- Benutze den Backofen nicht täglich, er braucht enorm viel Energie.
- Verwende Wasser doppelt, z. B. für den Abwasch oder für Pflanzen.
- Weniger Plastik und Verpackung: Kaufe unverpackt ein oder verwende Beutel wieder, nimm Gemüsebeutel mit zum Einkaufen.
- Erstelle einen Menüplan und eine Einkaufsliste und kaufe nur, was du brauchst.
- Trenne Abfall und recycle.
- Verwende Bienenwachstücher und Edelstahlboxen. Kaufe keine neuen Kunststoffboxen mehr, aber verwende die, die du noch hast, bis zum Ende.
- Verwende ökologische Putzmittel. Meist reichen Essig oder Zitronensaft sowie Backpulver, Salz und Seife aus.
- Schalte Küchenmaschinen aus (Stromschiene), besonders, wenn du in die Ferien gehst.
- Geh mit dem Fahrrad, zu Fuß oder per Bus und Bahn einkaufen.

Foodwaste vermeiden

In unserer Gesellschaft wird enorm viel Essen weggeworfen. Entweder weil es nicht aufgegessen wird oder weil man zu viel eingekauft hat. Indem du aber die Mahlzeiten gut planst, den Plan auch mal änderst, weil etwas aufgebraucht werden muss und indem du Reste clever einplanst, sparst du Geld und wirfst weniger Lebensmittel weg.

- Halte Ordnung in Kühlschrank und Vorratsschrank. Bevor du etwas Neues kaufst, schau, ob du noch etwas davon hast. Räume ab und zu alles aus, ordne es nach Datum oder brauche auf, was bald abläuft.
- Verwende so viel wie möglich von einem Lebensmittel. Beispielsweise kannst du den Brokkolistrunk oder Blumenkohlstrunk für Suppen und Aufläufe verwenden, das Karottengrün oder Blätter von Brokkoli und Radieschen auch für Salate oder Pesto. Aus Gemüseresten kann man Gemüsebrühe selbst machen.

- Schöpfe nur kleine Portionen in die Teller, jeder kann Nachschlag verlangen! Reste aus dem Teller kannst du nicht lange aufbewahren, Reste aus der Pfanne hingegen schon (abkühlen, aber nicht lange stehen lassen, dann sofort hygienisch abpacken und in den Kühlschrank stellen).
- Integriere Reste in die nächste Mahlzeit oder die am Tag danach und brauche sie so auf. Plane auch immer mal ein Resteessen in deinen Menüplan ein. Reste vom Kinderessen (Müsli, Babybrei) kannst du entweder in einem Smoothie pürieren und später anbieten oder in einer Suppe oder Soße verwenden.

Die besten Resterezepte So machst du aus Mahlzeitresten neue Gerichte:

- Suppen aus Kartoffeln, Reis, Linsen, Gemüse
- Aufläufe: Reste von Nudeln, Kartoffeln, Reis mit frischem Gemüse in eine Auflaufform, Ei-Guss (1 Ei, 200 ml Milch) und 2–3 EL Käse darüber, 25 Minuten in den Ofen (geht auch vegan, mit Sojasahne, veganem Käse)
- One-Pot-Gerichte und Eintöpfe: alles in eine Pfanne (Gemüse, Tofu, Nudeln oder Reis) und anbraten; Gemüse gegebenenfalls am Vorabend schneiden
- Rösti aus übrigen Kartoffeln; Kürbis oder Karotten unterreiben, dazu ein Spiegelei
- Puffer aus Resten von Kartoffeln, Linsen, Kichererbsen aus der Dose, Gemüse wie Erbsen, Zucchetti oder Zucchini, Karotten, Tomaten – du kannst vieles zusammenmixen, etwas Mehl dazu und runde Puffer formen, in der Pfanne anbraten, dazu ein Salat oder Gemüse und zuckerfreies Ketchup
- Reispfannen: Reis mit klein geschnittenem Brokkoli, Erbsen, Blumenkohl, Karotten, Peperoni anbraten, nach Geschmack noch ein Ei dazugeben, würzen

- Omelette oder Pancakes, wenn Eier übrig sind, mit vielen Kartoffeln; Gemüse darin verstecken (Süßkartoffeln, Karotten, Kürbis, Spinat)
- Salate aus Nudeln, Reis, Kartoffeln, Getreide (z. B. Einkorn, Couscous), Linsen, kombiniert mit frischem Gemüse wie Tomaten, Gurken, Peperoni, Zucchetti oder Zucchini, Karotten
- Wraps: Reste aus Gemüse, gebratenem Gemüse, Bolognese, Ratatouille, Salat, Reis, Kartoffeln, Falafel, Linsen, Bohnen, Käse

Haltbarkeit und Lagerung von Lebensmitteln

Auf den Etiketten findest du normalerweise das Mindesthaltbarkeitsdatum oder Ablaufdatum eines Lebensmittels. Aus der Praxis kann ich dir mitgeben, dass man viele Lebensmittel noch über das Mindesthaltbarkeitsdatum hinaus verwenden kann. Schau dir das Lebensmittel an und prüfe, ob es noch gut aussieht und riecht.

Sogar Milchprodukte oder veganen Joghurt kann man meistens über das Ablaufdatum hinaus verwenden. Auch hier gilt: Prüfe, ob Schimmel daran ist oder wie das Produkt riecht. Sieht es noch einwandfrei aus, dann verwende es.

Viele Lebensmittel kann man über das Mindesthaltbarkeitsdatum hinaus verwenden.

Wenn wir einen Wocheneinkauf machen, Gemüse, Obst und andere Frischprodukte (Brot, eventuell mal Eier, Käse, Frischkäse), kaufen wir nach Bedarf ein, alle paar Tage, denn Frischprodukte sind nur wenige Tage haltbar.

Tipps für die Lagerung:

- Brokkoli, Blumenkohl, Zucchetti, Paprika, Karotten, Sellerie halten sich bis zu einer Woche im Kühlschrank oder kühlen Keller.
- Kartoffeln kühl und trocken, aber nicht im Kühlschrank lagern, am besten im Keller. Sie halten sich bis zu zwei Wochen, ungewaschen sogar länger.
- Tomaten nicht im Kühlschrank lagern, sie verlieren den Geschmack.
- Äpfel und Tomaten nicht neben Banane oder Orangen lagern, da diese dann schneller reif werden.
- Getreide, Nudeln und Flocken in luftdichten Gläsern oder Behältern, gut beschriftet verpacken, so siehst du was drin ist und meidest Motten oder Maden.

Saisonkalender

ganzjährig	Chicorée, Radieschen, Randen/Rote Bete, Weißkohl, Wirz/Wirsing, Zwiebel, Karotten, Lauch
JANUAR	
Gemüse:	Bodenkohlrabi (Steckrübe), Chinakohl, Cicorino (Radicchio), Federkohl/Grünkohl, Karotte, Knoblauch, Knollensellerie, Kürbis, Lauch, Nüsslisalat (Vogerlsalat/Feldsalat), Pastinaken, Portulak, Rosenkohl, Rotkohl, Sauerkraut, Schalotte, Schwarzwurzel, Topinambur, Zuckerhut, Salat aus Hydrokultur
Früchte:	Birnen, Äpfel, Kiwi
FEBRUAR	
Gemüse:	Bodenkohlrabi, Chinakohl, Cicorino (Radicchio), Federkohl/Grünkohl, Karotte, Knollensellerie, Kürbis, Lauch, Nüsslisalat, Pastinaken, Portulak, Rosenkohl, Rotkohl, Schalotte, Schwarzwurzel, Topinambur, Zuckerhut
Früchte:	Birnen, Äpfel, Kiwi
MÄRZ	
Gemüse:	Batavia, Bodenkohlrabi, Chinakohl, Federkohl/Grünkohl, Karotte, Knollensellerie, Krautstiel/Mangold, Lauch, Lollo, Nüsslisalat, Pastinaken, Portulak, Rotkohl, Rucola, Schalotte, Schwarzwurzel, Spinat, Topinambur, Zuckerhut
Früchte:	Birnen, Äpfel, Kiwi
APRIL	
Gemüse:	Batavia, Bodenkohlrabi, Eichblattsalat, Federkohl/Grünkohl, Karotte, Knollensellerie, Kohlrabi, Kopfsalat, Knoblauch, Krautstiel/Mangold, Lattich, Lauch, Lollo, Mairübe, Nüsslisalat, Pak Choi, Petersilie, Portulak, Rhabarber, Rotkohl, Rucola, Schalotte, Schwarzwurzel, Spargel, Spinat, Tomate
Früchte:	Birnen, Äpfel, Kiwi
MAI	
Gemüse:	Batavia, Blumenkohl, Brokkoli, Catalogna, Chinakohl, Eichblattsalat, Eisbergsalat, Endivie, Fenchel, Gurke, Karotte, Knollensellerie, Kohlrabi, Kopfsalat, Krautstiel/Mangold, Lattich, Lauch, Lollo, Mairübe, Nüsslisalat, Pak Choi, Petersilie, Portulak, Romanesco, Randen, Rettich, Rhabarber, Rotkohl, Rucola, Schalotte, Schnittlauch, Schwarzwurzel, Spargel, Spinat, Stangensellerie, Tomate, Zucchetti
Früchte:	Äpfel
JUNI	
Gemüse:	Batavia, Blumenkohl, Brokkoli, Catalogna, Chinakohl, Cicorino (Radicchio) Eichblattsalat, Eisbergsalat, Endivie, Erbsen, Fenchel, Gurke, Karotte, Kefe, Knollensellerie, Kohlrabi, Kopfsalat, Krautstiel/Mangold, Lattich, Lauch, Lollo, Mairübe, Nüsslisalat, Pak Choi, Peperoni, Petersilie, Portulak, Romanesco, Rettich, Rhabarber, Rotkohl, Rucola, Schalotte, Schnittlauch, Spargel, Spinat, Stangensellerie, Tomate, Zucchetti, Zuckerhut
Früchte:	Erdbeeren, Kirschen, Zwetschgen, Äpfel, Aprikosen
JULI	
Gemüse:	Artischocke, Aubergine, Batavia, Blumenkohl, Bodenkohlrabi, Bohnen, Brokkoli, Catalogna, Cicorino (Radicchio), Chinakohl, Eichblattsalat, Eisbergsalat, Endivie, Erbsen, Fenchel, Gurke, Karotte, Kefe, Knoblauch, Knollensellerie, Kohlrabi, Kopfsalat, Krautstiel/Mangold, Lattich, Lauch, Lollo, Melone, Nüsslisalat, Pak Choi, Peperoni, Pastinaken, Petersilie, Portulak, Rettich, Romanesco, Rotkohl, Rucola, Schalotte, Schnittlauch, Spinat, Stangensellerie, Tomate, Zucchetti, Zuckerhut
Früchte:	Erdbeeren, Himbeeren, Heidelbeeren/Blaubeeren, Johannisbeeren, Brombeeren, Stachelbeeren, Kirschen, Zwetschgen, Pflaumen, Äpfel, Aprikosen, Pfirsiche

AUGUST	
Gemüse:	Artischocke, Aubergine, Batavia, Blumenkohl, Bodenkohlrabi, Bohnen, Brokkoli, Catalogna, Cicorino (Radicchio), Chinakohl, Eichblattsalat, Eisbergsalat, Endivie, Fenchel, Federkohl/Grünkohl, Gurke, Karotte, Kefe, Knoblauch, Knollensellerie, Kohlrabi, Kopfsalat, Kürbis, Krautstiel/Mangold, Lattich, Lauch, Lollo, Melone, Nüsslisalat, Pak Choi, Peperoni, Pastinaken, Petersilie, Portulak, Rettich, Romanesco, Rotkohl, Rucola, Schalotte, Schnittlauch, Spinat, Stangensellerie, Tomate, Zucchetti, Zuckerhut, Zuckermais
Früchte:	Erdbeeren, Himbeeren, Heidelbeeren, Johannisbeeren, Brombeeren, Kirschen, Zwetschgen, Pflaumen, Äpfel, Birnen, Mirabellen, Aprikosen, Pfirsiche, Nektarinen
SEPTEMBER	
Gemüse:	Artischocke, Aubergine, Batavia, Blumenkohl, Bodenkohlrabi, Bohnen, Brokkoli, Catalogna, Cicorino (Radicchio), Chinakohl, Eichblattsalat, Eisbergsalat, Endivie, Fenchel, Federkohl/Grünkohl, Gurke, Herbstrübe, Karotte, Kefe, Knoblauch, Knollensellerie, Kohlrabi, Kopfsalat, Kürbis, Krautstiel/Mangold, Lattich, Lauch, Lollo, Melone, Nüsslisalat, Pak Choi, Peperoni, Pastinaken, Petersilie, Portulak, Rettich, Rosenkohl, Romanesco, Rotkohl, Rucola, Schalotte, Schnittlauch, Spinat, Stangensellerie, Tomate, Zucchetti, Zuckerhut, Zuckermais
Früchte:	Erdbeeren, Himbeeren, Heidelbeeren, Brombeeren, Zwetschgen, Mirabellen, Birnen, Äpfel, Kiwi, Trauben
OKTOBER	
Gemüse:	Artischocke, Aubergine, Batavia, Blumenkohl, Bodenkohlrabi, Bohnen, Brokkoli, Catalogna, Cicorino (Radicchio), Chinakohl, Eichblattsalat, Eisbergsalat, Endivie, Fenchel, Federkohl/Grünkohl, Gurke, Herbstrübe, Kardy, Karotte, Knoblauch, Knollensellerie, Kohlrabi, Kopfsalat, Kürbis, Krautstiel/Mangold, Lattich, Lauch, Lollo, Nüsslisalat, Pak Choi, Peperoni, Pastinaken, Petersilie, Portulak, Rettich, Rosenkohl, Romanesco, Rotkohl, Rucola, Schalotte, Schnittlauch, Spinat, Stangensellerie, Schwarzwurzel, Tomate, Zucchetti, Zuckerhut, Zuckermais
Früchte:	Zwetschgen, Birnen, Äpfel, Kiwi, Trauben
NOVEMBER	
Gemüse:	Batavia, Blumenkohl, Bodenkohlrabi, Brokkoli, Cicorino (Radicchio), Chinakohl, Eichblattsalat, Endivie, Fenchel, Federkohl/Grünkohl, Herbstrübe, Kardy, Karotte, Knoblauch, Knollensellerie, Kohlrabi, Kopfsalat, Kürbis, Krautstiel/Mangold, Lauch, Lollo, Nüsslisalat, Pak Choi, Pastinaken, Petersilie, Portulak, Rettich, Rosenkohl, Romanesco, Rotkohl, Rucola, Schalotte, Schnittlauch, Spinat, Stangensellerie, Schwarzwurzel, Tomate, Topinambur, Zuckerhut, Zuckermais
Früchte:	Birnen, Äpfel, Kiwi, Dörrfrüchte
DEZEMBER	
Gemüse:	Bodenkohlrabi, Cicorino (Radicchio), Chinakohl, Eichblatt Salat, Federkohl/Grünkohl, Herbstrübe, Karotte, Knoblauch, Knollensellerie, Kürbis, Lauch, Nüsslisalat, Pastinaken, Portulak, Rettich, Rosenkohl, Rotkohl, Schalotte, Stangensellerie, Schwarzwurzel, Topinambur, Zuckerhut
Früchte:	Birnen, Äpfel, Dörrfrüchte

Ein gemüsegesundes Leben

In wenigen Schritten zu einer gesünderen Ernährung und mehr Gemüse im Alltag: Ich habe einige Ziele sowie Schritte definiert, die du in deinem Tempo schrittweise verfolgen und umsetzen kannst.

Fünf Ziele für eine gesündere Ernährung

Die Umstellung auf eine gesunde Ernährung kann nach und nach passieren, einfacher ist es aber, wenn man einige Anhaltspunkte hat. Die folgenden fünf Ziele dienen als Richtlinie. Wenn du darauf achtest, wirst du in Kürze eine gesunde Ernährung in den Alltag implementiert haben.

Farbig und vielseitig essen

Mach mit den Kindern eine kleine Challenge: Wer hat es zuerst geschafft, alle Farben aus dem Regenbogen zu essen?

Dieses Ziel ist einfach zu erreichen: Achte auf die verschiedenen Farben auf dem Teller, den „Regenbogen“. Am besten erreichst du das mit verschiedenem Obst und Gemüse. Wenn über den Tag verteilt z. B. Karotte und Orange oder Kürbis dabei sind, wenn Spinat, Grünkohl oder Mangold, Feldsalat oder Brokkoli oder Gurke als grüne Farbe auf dem Teller landen und noch z. B. Blumenkohl, Kohlrabi, gelbe Paprika, rote Paprika und Tomaten oder Äpfel, Trauben, Beeren hinzukommen, dann nimmst du wichtige Nährstoffe zu dir. Oft hilft es, mit den Kindern eine kleine Challenge zu machen und sie zu fragen, welche Farben sie heute noch nicht gegessen haben. Wer hat es zuerst geschafft, alle Farben aus dem Regenbogen zu essen?

Achte auch auf Vielseitigkeit bei Kohlenhydraten oder Proteinen: Iss mehr Hülsenfrüchte, koche auch mal mit Hirse, Quinoa und Buchweizen, achte auf Vollkorn und teste dich durch die Tofuwelt.

„5 am Tag“ – Obst oder Gemüse zu jeder Mahlzeit

Ich treffe immer wieder Familien an, die mir sagen, sie schaffen die „5 am Tag“ nicht. Die Kampagne „5 am Tag“ gibt es bereits seit einigen Jahren, man möchte damit erreichen, dass genug Obst und Gemüse gegessen wird, weil der Körper mit Obst und Gemüse viele Ballaststoffe aufnimmt und zusätzlich wichtige Mikronährstoffe und Vitamine.

Mein Tipp, um die „5 am Tag“ zu schaffen: am Morgen oder zu den Zwischenmahlzeiten Obst servieren, bei den Hauptmahlzeiten immer gekochtes oder rohes Gemüse dabei haben und zur Vorspeise Salat oder Rohkost anbieten – so schaffst du die „5 am Tag“ locker.

Zur Erinnerung: Eine Portion heißt eine Handvoll. Eine Kinderhand gibt also die Größe für eine Portion vor!

Gesund in den Tag starten

Wer gesund und ausgewogen in den Tag startet, hat genug Energie und weniger Heißhunger. Man kann das Frühstück gut nutzen, um schon morgens wichtige Nährstoffe zu sich zu nehmen. Süße Cerealien und viel Konfitüre sind nicht empfehlenswert, aber verschiedene Müslisorten, (z. B. Birchermüsli), Porridge, Overnight Oats oder auch dunkles (Vollkorn-)Brot mit Aufstrich, mit Früchten oder Gemüse aufgepeppt.

Wer gesund und ausgewogen in den Tag startet, hat genug Energie und weniger Heißhunger.

Es gibt Erwachsene und Kinder, die nicht sehr gern frühstücken. Meistens dauert es, bis sie Hunger haben, und das ist auch völlig in Ordnung. Wenn du ein Kind hast, das nie Frühstück essen möchte, lass es etwas später essen, biete ihm nur eine ganz kleine Menge an, mach einen Smoothie mit Früchten und etwas Haferflocken oder gib ihm das Frühstück mit.

Ausgewogene und frische Hauptmahlzeiten

Wie bereits erwähnt, solltest du darauf achten, dass die Hauptmahlzeiten ausgewogen sind und eine Regelmäßigkeit haben. Plane also bei jeder Hauptmahlzeit (egal ob Rohkost oder gekochtes Gemüse). Achte darauf, dass ihr nicht jeden Tag Nudeln mit Tomatensoße auf dem Speiseplan habt, sondern wechsle die Kohlenhydrate, nimm mal Hartweizennudeln, mal Dinkelspaghetti, mal Vollkornreis. An einem anderen Tag Hirse, dann Kartoffeln oder auch Polenta (Maisgries). Achte auf unterschiedliche Proteine und darauf, dass bei jeder Hauptmahlzeit eine Eiweißkomponente auf dem Teller liegt.

Gesunde Snacks für zu Hause und unterwegs

Ab sofort gibt es nur noch gesunde Snacks! Mach dir eine Liste von gesunden Snacks, lass dich im Rezeptteil dieses Buches inspirieren. Grundregel: Jeder Snack enthält Obst oder Gemüse sowie allenfalls noch Cracker, Maiswaffeln, Vollkornbrötchen, Nüsse, Kerne, Dörrfrüchte oder Energyballs – aber nichts Süßes und keine gekauften Kinderprodukte. Tipps dazu:

- Du musst keinen Award gewinnen mit der kreativsten Brotdose.
- Viele Kinder mögen es einfach und immer gleich. Serviere ihnen saisonales Obst, Nüsse, Maiswaffeln, und sie sind zufrieden.
- Wird eine Hauptmahlzeit außer Haus gegessen, dann eignen sich Wraps, Sandwiches, Birchermüsli, Pancakes, Gemüsewaffeln, Rohkost, Obst oder ein Couscous-, Hirse- oder Nudelsalat mit Gemüse.

Fünf Schritte, um ab sofort gesünder zu leben

Wichtig ist, dass eine erreichte Veränderung bestehen bleibt und von der ganzen Familie akzeptiert wird.

Die nachfolgenden fünf Schritte sollen dir helfen, gesünder zu leben. Sie müssen nicht unbedingt in dieser Reihenfolge umgesetzt werden – wähle die Punkte, die du sofort umsetzen kannst, und mach es in deinem Tempo. Aus meinen Beratungen weiß ich, dass einige Mütter manchmal zu schnell zu viel wollen und dann scheitern. Deshalb gehe sachte vorwärts. Viel wichtiger ist, dass eine erreichte Veränderung (z. B. das gesündere Frühstück) bestehen bleibt und von der ganzen Familie akzeptiert wird.

Optimale Bedingungen schaffen

Wenn du deine Familie gesünder ernähren möchtest, ist es wichtig, dass du weißt, was eine vollwertige, gesunde Ernährung ist. Analysiere zuerst Lebensmittel, die ihr oft kauft und die ungesund sein könnten. Sprich aber mit deiner Familie darüber und beziehe sie mit ein, auch deinen Partner. Es ist z. B. wichtig, dass deine Kinder wissen, warum du keine gezuckerten Cornflakes mehr kaufst, sondern ungezuckerte. Mach sie neugierig darauf, auch mal einen Porridge auszuprobieren. Oder produziere mit ihnen einen Wochenvorrat Energyballs.

- Analysiere, was ihr zuerst ändern möchtet: Tischsituation ruhiger gestalten, Menüplan starten, Süßes reduzieren oder frischer kochen.
- Analysiere Triggerpunkte: Was hindert dich am meisten, gesünder zu kochen (Wochenplanung, Wocheneinkauf, die Kinder essen nichts, der Partner, zu wenig Zeit, zu ungesunde Gewohnheiten)?
- Erkenne ungesunde Lebensmittel: weg von Fertigprodukten und weg von zu vielen Süßigkeiten.
- Mach einen Kühlschrank- und Vorratsschrank-Check: Lies die Etiketten und miste aus. Ungesunde Lebensmittel kannst du aufbrauchen oder verschenken.

Menüplanung starten

Oft kann man sich nicht dazu überwinden, eine Menüplanung zu starten, auch wenn man eigentlich weiß, dass sie Zeit und Energie sparen würde. Hier sind nochmals die wichtigsten Tipps, die dir den Einstieg erleichtern.

- Lege einen Tag fest, an dem du deinen Menüplan inkl. Einkaufsliste schreibst (siehe dazu Seite 61).
- Nimm zehn Rezepte, die du oft kochst, und ändere sie so ab, dass sie gesund sind: z. B. Vollkornnudeln, mehr Gemüse bei jeder Mahlzeit, keine Fertigprodukte, sondern frische Produkte; probiere eventuell neue Proteinquellen aus.
- Achte darauf, bei jeder Hauptmahlzeit Gemüse zu integrieren, egal ob gekocht oder roh.
- Lege den Einkaufszeitpunkt fest, und lies beim Einkaufen die Etiketten.
- Starte gesund in den Tag – lege ein Augenmerk auf das gesunde Frühstück und beginne bei dieser Mahlzeit, sie gesünder zu gestalten.

Tischregeln und feste Essenszeiten

Dank fester Essenszeiten wissen die Kinder immer, wann es Essen gibt, und bekommen eine bessere Tagesstruktur.

Dank einiger Regeln und fester Essenszeiten kommt wieder mehr Ruhe an den Esstisch. Die Regeln sind wichtige Leitplanken, an die sich alle halten sollten – genauso wie es auch bei anderen Regeln in der Familie ist. Dank fester Essenszeiten wissen die Kinder immer, wann es Essen gibt und wann nicht, und bekommen eine bessere Tagesstruktur.

- Achtet auf mehr Gelassenheit am Esstisch, schafft eine positive Situation und mehr Achtsamkeit beim Essen.
- Überdenkt die Uhrzeiten, zu denen es Essen gibt. Fixe Essenszeiten helfen bei der Strukturierung des Tages.
- Stellt Tischregeln auf: Jeder hat z. B. eine Aufgabe und hilft mit; wie verhält man sich am Tisch?
- Die Eltern sind Vorbilder und sprechen am Tisch über den Tag und nicht darüber, wer was essen sollte, die Kinder dürfen mitreden, aber nicht alle durcheinander.
- Koche nicht extra und kommuniziere dies deinen Kindern, denn es bedeutet nur Stress für dich.
- Stelle alle Pfannen und Töpfe auf den Tisch, damit du zwischendurch nicht aufstehen musst.
- Lass dein Kind entscheiden, wie viel es isst.
- Spaß am Tisch darf sein, solange es nicht laut und wild wird.

Weniger Zucker und Fertigprodukte

Bereite Süßigkeiten selber zu und verwende weniger Haushaltszucker.

Lies ab sofort die Etiketten in Bezug auf Zucker. Wo steckt versteckter Zucker drin? Entscheide dann, was du ändern möchtest und welche Produkte du vielleicht selber herstellen kannst: Müslimischung, Granola, Energyballs als Keksersatz, Eis selber machen: „Nicecream“.

- Koche so viel wie möglich frisch und ohne Fertigprodukte.
- Entscheide dich für einige wenige Fertigprodukte, wenn sie dir enorm den Tag erleichtern (z. B. Fertigspätzle), aber streiche alle Produkte, die du auch selbst machen kannst (Tomatensoßen, Fertigpizza oder TK-Produkte).
- Stelle mindestens eine gesunde Süßigkeit selbst her.
- Ersetze gesüßte Produkte durch ungesüßte (z. B. Cornflakes, Müslimischung, Kekse werden durch Cracker ersetzt).
- Achte generell auf mehr Obst und Gemüse auf dem Teller, auch zu den Snackzeiten.
- Backe und koche weniger süß oder verwende gesunde Alternativen.

- Gestalte eure Snacks für unterwegs sowie die Brotdosen gesund. Wähle z. B. Pancakes, selbst gemachte Müsliriegel, Birchermüsli, Obstspieße, Gemüsesticks mit Dip, Energyballs, gesunde Brötchen, Nüsse, Sandwich mit Nussmus, Cracker, Maiswaffeln usw. statt gekaufter Kindersnacks oder Süßigkeiten.

Meal Prepping für weniger Stress

Die Organisation ist das A und O im stressigen Alltag mit Kindern. Wenn du dich besser organisierst, Mahlzeiten (teilweise) vorbereitest und clever einkaufst, sparst du Zeit und Stress.

- Analysiere deine Tage mit wenig Zeit zum Kochen.
- Baue Meal Prepping in den Menüplan ein. Wenn z. B. der Dienstag ein kritischer Tag ist, an dem du spät nach Hause kommst, koche am Sonntag oder Montag die doppelte Menge Nudeln, Reis, Kartoffeln oder Soße vor und schnipple das Gemüse schon am Morgen.
- Finde Rezepte, die sehr schnell gehen oder sich vorbereiten lassen, und wähle die schnellsten Rezepte für die hektischsten Tage.
- Kaufe Frischhalteboxen oder Gläser für Meal Prepping, schaffe Platz im Tiefkühlfach.
- Probiere neue Rezepte (maximal ein bis zwei pro Woche), merke dir, was gut funktioniert und was die Familie mag, und nimm diese in dein Repertoire auf – schon hast du mehr Abwechslung im Speiseplan.
- Hab kein schlechtes Gewissen, wenn es doch mal ein Fertigprodukt gibt. Kombiniere es mit viel Gemüse und gestalte die nächsten Tage wieder gesund.
- Neue Rezepte findest du auf Kochseiten und Blogs (abonniere die Newsletter), in Kochmagazinen, in Kochbüchern, im Internet (suche nach Zutaten), auf Instagram, in Facebookgruppen und Apps.

Wenn du dich besser organisierst, Mahlzeiten teilweise vorbereitest und clever einkaufst, sparst du Zeit und Stress.

So gelingen die Rezepte

Bevor du nun startest, folgen noch einige Hinweise dazu, wie du mit den Rezepten arbeitest, und Tipps zum Austauschen bzw. Ersetzen von Zutaten. Ich gebe dir Empfehlungen, wie ich die Gerichte gestalte, du bist aber selbstverständlich frei darin, deine eigenen Vorstellungen umzusetzen.

Zutaten und Zubereitung

Achte beim einkaufen auf jodiertes Salz oder jodierte Gemüsebrühe.

Würzen: Die Rezepte sind mild gewürzt. Du kannst jedes Rezept stärker würzen, wenn deine Familie und die Kinder es gewohnt sind. Frische Kräuter geben jeder Mahlzeit mehr Pepp und bringen wichtige Mineralstoffe.

Mengenangaben: Die Rezepte sind nach Portionen oder normalerweise für vier Personen berechnet. Wenn du merkst, dass die Menge zu groß oder klein ist, passe sie nächstes Mal einfach an. Nicht alle Kinder essen gleiche Mengen.

Salz: Ich verwende jodierte Gemüsebrühe. Bei kleinen Kindern empfehle ich, ungesalzene Brühe zu verwenden und mit wenig jodhaltiger Alge zu würzen. Würze auch mal mit Hefeflocken, Nori-Algen oder frischen Kräutern.

Für die kalte Küche eignen sich Olivenöl, Leinöl und Rapsöl.

Öle: Zum Braten verwende ich Kokosöl oder denaturiertes Kokosöl sowie hitzebeständiges Rapsöl. Für die Tomatensoße oder das Gemüse auch mal Olivenöl. In der kalten Küche verwende ich Olivenöl, Leinöl, Rapsöl.

Gemüseanteil: Wenn Gemüse als Zutat genannt wird, kannst du die Menge auch jederzeit erhöhen, sofern ihr mehr esst oder du mehr Gemüse integrieren möchtest.

Backen: Ob du Backpulver oder Weinsteinpulver verwendest, ist egal. Weinsteinpulver soll besser verträglich sein.

Süßungsmittel: Bei den Süßungsmitteln kannst du individuell wählen, was dir am besten zusagt und nach Alter des Kindes entscheiden.

Trockenfrüchte und Nüsse: Ich verwende ungeschwefelte Bio-Trockenfrüchte und ungesalzene Nüsse.

Nussmus: Ich verwende am liebsten Mandelmus, da Mandeln ein richtiges Superfood sind. Auch Cashewmus kommt oft zum Zuge. Wenn du lieber Haselnuss- oder Erdnussmus magst, kannst du diese auch problemlos verwenden. Alle sind weder gesalzen noch gesüßt.

Hülsenfrüchte aus dem Glas stehen bei mir immer im Vorratsschrank.

Hülsenfrüchte: Wenn es schnell gehen muss, verwende eine Dose oder ein Glas. Ich empfehle aber, wenn es die Zeit zulässt, die Hülsenfrüchte trocken zu kaufen und über Nacht einzulegen. Sie werden so besser verträglich. Rote Linsen musst du nicht so lange einlegen, aber zumindest gut waschen. Die roten Linsen haben auch die kürzeste Garzeit (ca. 10–15 Minuten).

Frische Produkte: Kaufe das Gemüse und Obst sowie frische Kräuter wenn möglich alle drei bis vier Tage frisch, denn wenn sie lange im Sonnenlicht und in der Wärme liegen, verlieren sie wichtige Vitamine.

Veganisieren: Du kannst die Kuhmilch 1:1 gegen Sojadrink oder Haferdrink austauschen. Ein Ei ersetzt du in einem Kuchen- oder Pancaketeig entweder durch Banane und Apfelmus, durch Ei-Ersatzpulver oder durch 3 EL heißes Wasser und 1 EL Leinsamenmehl. Siehe dazu auch den nächsten Abschnitt.

Zutaten austauschen

Vegane Alternativen

Wenn du dich vegan ernähren möchtest, ist es am Anfang ungewohnt, keine Eier oder Milch zu verwenden. Gerade wenn du bewährte Rezepte aus deinem Lieblingskochbuch gesünder gestalten möchtest, kann es eine Herausforderung sein. So geht es auch vielen Eltern, deren Kinder eine Unverträglichkeit haben. Die Routine macht es aus und das richtige Wissen. Hier sind einige Basic-Tipps für dich.

Routine und das richtige Wissen erleichtern dir die Umstellung auf vegan.

Fleisch ersetzen: Alle Rezepte lassen sich vegetarisch zubereiten oder auch veganisieren. Wenn du am Anfang einer Umstellung zur vegetarischen Ernährung stehst, empfehle ich dir, die verschiedenen Produkte aus dem Supermarkt auszuprobieren, die es inzwischen als Fleischersatz gibt: vegane Nuggets, vegane Wurst, veganes Schnitzel. Achte darauf, nicht nur Paniertes zu kaufen, sondern mariniere auch selbst.

- Als Hackfleischersatz gibt es getrocknetes Sojahack oder Hack auf Basis von Sonnenblumenprotein. Im Kühlregal findest du veganes Hack auf Soja-, Weizenprotein- oder Erbsenproteinbasis. Teste dich durch.
- Versuch es mit einem veganen Schnitzel und veganen Fischstäbchen aus dem Supermarkt. Lies aber die Etiketten und achte auf Salzgehalt und Zutatenliste.
- Probiere den Ersatz auch unbedingt mit Tofu, vielleicht schmeckt dir der Räuchertofu am Anfang besser. Naturtofu solltest du unbedingt gut auspressen und dann mehrere Stunden marinieren, damit er gut schmeckt. Räuchertofu kannst du als dünn geschnittene Scheiben auch in einem Sandwich essen.
- Für Fortgeschrittene oder alle, die etwas Neues ausprobieren möchten: Mache Bohnenbällchen und Falafel selber, auch aus Tofu lassen sich

Bällchen herstellen. Paniere Tofu oder versuch es mit Linsenkroketten. Binde mehr Hülsenfrüchte in deinen Speiseplan ein: Sie sind nicht nur gute Proteinlieferanten, sondern unterstützen die Darmgesundheit.

Für Müsli, Porridge oder Kaffee empfehle ich Hafermilch und Sojamilch.

Milchprodukte ersetzen: Milchprodukte kann man heute ganz leicht ersetzen. Ich empfehle Hafermilch und Sojamilch für das Müsli, den Porridge oder den Kaffee.

- Als Joghurt gibt es inzwischen veganen Joghurt aus Soja, aber auch aus Kichererbsen, Hafer, Mandeln oder Lupinen.
- Quark oder Frischkäse findest du auf Basis von Soja oder Cashews.
- Weichkäse gibt es in Form eines camembertähnlichen Käses auf Basis von Cashews, er schmeckt enorm gut. Auch veganen Mozzarella kann man kaufen oder selber herstellen.
- Hartkäse gibt es im Supermarkt ebenfalls auf verschiedenen Basen, meistens enthält er Kokosöl.
- Als Parmesanersatz kannst du selber Parmesan herstellen (siehe Rezepte) oder veganen Reibekäse kaufen. Dieser eignet sich auch für Aufläufe und Pizza.

Eier ersetzen: Bei Eiern solltest du zuerst schauen, was ihre Funktion im Rezept ist. Sollen sie einen Pancake oder Kuchen luftiger machen oder alles zusammenhalten?

- Für Pancakes und Waffeln eignen sich Bananen und Apfelmark sehr gut. Auch Ei-Ersatzpulver ist hier gut geeignet.
- Für Kuchen kann man ebenfalls Bananen, Apfelmark oder Leinsamen-Ei (3 EL heißes Wasser, 1 EL Leinsamenmehl) verwenden, sie alle binden den Teig. Oder du nimmst mehr Backpulver oder Weinsteinpulver.
- Ein Rührei kannst du sehr gut mit Naturtofu herstellen.

Kohlenhydrate und Zucker ersetzen

Pasta ersetzen oder variieren: Wer immer nur Nudeln isst, mag sie vielleicht irgendwann nicht mehr sehen. Entweder machst du einfach mal Reis oder Reisnudeln zur Soße oder den bestehenden Beilagen oder du versuchst es mit Linsen- oder Kichererbsenpasta oder mit glutenfreien Nudeln.

- Du kannst auch Zucchini-Spaghetti unter die Spaghetti mischen.
- Wechsle mit verschiedenen Getreidesorten ab, nimm mal Dinkel-, mal Buchweizen-, mal Sojanudeln.
- Wenn du gerne mehr Vollkornnudeln kochen möchtest, deine Kinder sie aber noch nicht so toll finden, mische langsam einige darunter und erhöhe den Vollkornanteil laufend.

Zucker ersetzen: In fast jedem Rezept kannst du weniger Zucker verwenden, als angegeben ist. Damit reduzierst du den Zucker schon enorm.

- Verwende auch reife Bananen oder Apfelmark zum Süßen von Gebäck, Cremes, Müsli oder Porridge.
- Zum Backen kannst du Reissirup oder Ahornsirup verwenden.
- Flüssigkeiten oder Cremes kannst du ebenfalls mit Reissirup oder auch Yaconsirup süßen.
- Für ein Müsli oder Gebäck kannst du Erdmandeln fein hacken oder Reismilch-Pulver verwenden, beide haben eine starke Eigensüße.

In den meisten Rezepten kannst du weniger Zucker verwenden, als angegeben ist.

Gemüse austauschen

In den meisten Rezepten kannst du das Gemüse problemlos austauschen. Wenn die Kinder keine Erbsen mögen, dann nimm ein anderes Gemüse, das ihnen besser passt. Sei kreativ und probiere einfach aus.

Wenn dein Kind Tomaten nicht verträgt, kannst du eventuell Paprika verwenden oder eine Karotten-Rote-Bete-Soße kochen. Wenn die Farbe Grün nicht geht (z. B. Brokkoli abgelehnt wird), dann versuch es mit Blumenkohl und Kohlrabi.

Meine liebsten Blitzrezepte fürs Mittagessen

An stressigen Tagen, an denen man spät nach Hause kommt und die Kinder hungrig und müde sind, muss es manchmal extra schnell gehen. Hier sind meine besten Tipps, schnell und gesund etwas auf den Tisch zu bringen:

- Couscous mit Gemüse (S. 128)
- Polenta mit farbigem Gemüse (S. 176)
- One-Pot-Lasagne (S. 162)
- Pancakes (S. 208)
- Blitz-Pizza (S. 158)
- Gemüsesuppe (S. 158)
- Reste mit Gemüse ergänzt
- Tiefkühlgemüse
- (eingefrorene) Tomatensoße (S. 102)
- 10-Minuten-Reis
- 8-Minuten-Nudeln

Mit diesen Blitzrezepten und -zutaten kannst du sehr viele verschiedene Gerichte je nach Gemüsesaison oder Lust und Laune abändern.

Häufig gestellte Fragen

Wie viel soll mein Kind essen oder trinken?

Hier gibt es keine festen Regeln. Wenn dir auffällt, dass dein Kind wirklich viel weniger isst als alle anderen, solltest du es beobachten und ein Tagebuch führen. Solange dein Kind zu den Hauptmahlzeiten oder zwischendurch etwas isst und Gewichts- und Wachstumskurve steigen, musst du dir keine Sorgen machen. Es gibt Kinder, die viel essen, und es gibt Kinder, die relativ wenig essen, letztere verwerten aber die Nährstoffe auch sehr gut.

Es gibt Kinder, die viel essen, und es gibt Kinder, die relativ wenig essen.

Trinken sollte ein Kind zu jeder Mahlzeit, du solltest es ihm auch immer anbieten. Je nach Temperatur, Bewegung oder Tagesform trinken wir alle unterschiedlich viel. Bei Kindern im Alter von zwei bis fünf Jahren wird eine Menge zwischen einem halben und einem Liter empfohlen. Am besten bietest du deinem Kind kohlensäurefreies Wasser, selbst gemachte Limonaden, Zitronenwasser, Minzwasser oder Früchtetee an.

Wie viel Gemüse soll mein Kind essen?

Die Kampagne „5 am Tag“ empfiehlt drei Portionen Gemüse und zwei Portionen Obst am Tag. Dabei ist eine Portion für ein Kind immer eine Handvoll eines Kindes. Mein Zusatz: Eine der drei Portionen Gemüse sollte Rohkost sein, die anderen können gekocht sein.

Welche Öle soll ich verwenden?

Bei den Ölen und Fetten solltest du auf hochwertige Produkte zurückgreifen. Meide zu viel Sonnenblumenöl, es enthält zu viel Omega-6 Fettsäuren und ist in vielen Fertigprodukten drin.

Greife bei Ölen und Fetten immer auf hochwertige Produkte zurück.

Für die **kalte Küche** eignen sich Olivenöl (viele Omega-9-Fettsäuren), Rapsöl oder Leinöl. Ich verwende auch ein mit DHA und EPA (Omega-3) angereichertes Olivenöl für den Salat oder die Nudeln.

Für die **warme Küche** bis 180 °C nimm ein hitzebeständiges Olivenöl oder Rapsöl (lies das Etikett, ob man es erhitzen darf).

Für das **Anbraten** eignet sich Kokosöl (gibt es auch ohne Kokosgeschmack). Man darf es über 180 °C erhitzen und es entsteht kein giftiger Rauch.

Wie viele Fertigprodukte sind in Ordnung?

Fertigprodukte sind im Alltag zwar praktisch, man sollte sie aber nicht täglich konsumieren, denn sie haben viele gesundheitliche Nachteile. Daher lautet die Antwort: So wenige wie möglich und so viele wie nötig. Wenn dir die Fertigspätzle den Dienstagabend vereinfachen und du dazu viel Gemüse und Rohkost servierst, ist das in Ordnung. Wenn du aber am Montag gesüßtes Müsli zum Frühstück, am Dienstag zum Mittagessen einen Fertigsalat mit Wurst und am Mittwochabend ein vegetarisches Schnitzel mit Fertiggnocchi isst, ist es eher zu viel. Gerade Wurst – auch wenn sie vegan ist – sollte man nicht täglich essen, da sie viele wertlose Zusatzstoffe, Geschmacksverstärker, Zucker und schlechte Fette enthalten kann.

Hilfe, mein Kind isst Gemüse nur als Rohkost!

Rohes Gemüse enthält mehr Vitamin C als gekochtes Gemüse.

Das ist überhaupt nicht schlimm. Hauptsache, das Kind isst Gemüse. Wenn es gar kein gekochtes Gemüse isst, kann man das aber trainieren und ihm immer wieder servieren. Wichtig ist hier, Vorbild zu sein. Gerade in rohem Gemüse sind neben den Ballaststoffen und Vitaminen viele sekundäre Pflanzenstoffe und Enzyme, die sehr gesund sind. Rohes Gemüse enthält mehr Vitamin C als gekochtes Gemüse, da Vitamin C hitzeempfindlich ist. Spiele bei der Rohkost mit den Farben und Formen.

Mein Kind isst kein grünes Gemüse, was tun?

Man sollte regelmäßig dunkelgrünes Gemüse wie Spinat, Grünkohl, Brokkoli, Mangold, Feldsalat zu sich nehmen. Mein Tipp ist hier, es zu integrieren, z. B. in Obst-Smoothies, Soßen, Waffeln und Pancakes. Biete grünes Gemüse weiterhin regelmäßig an, versteckt oder als Beilage, und sei Vorbild.

Welche Milch eignet sich als Kuhmilchersatz?

Größere Kinder und Erwachsene sind nicht dafür gemacht, große Mengen an Kuhmilch zu trinken. Wichtig ist, dass im ersten Lebensjahr pflanzliche Milch kein Ersatz für Muttermilch ist! Wenn du nicht stillen kannst, verwende eine HA-Milch oder vegane Pre-Milch. Pflanzliche Milchalternativen enthalten zu wenige Nährstoffe und eignen sich nicht als Milchersatz im ersten Lebensjahr. Außer bei der Sojamilch enthalten die Pflanzendrinks auch zu wenige Proteine im Vergleich zu Kuh- oder Muttermilch.

Achte bei älteren Kindern auf Sojamilch (wegen des Proteingehalts) oder Hafermilch, die mit Kalzium und Vitamin B12 angereichert ist. Diese zugesetzten Vitamine sind genau gleich dosiert wie in Kuhmilch.

Achte bei allen Drinks auch auf den (natürlichen) Zuckergehalt. Reismilch ist oft zu süß. Inzwischen gibt es viele pflanzliche Drinks ohne einen hohen Zuckergehalt.

Darf mein Kind Soja essen?

Abschließende Forschungsergebnisse zu dem Konsum von Soja bei Kleinkindern und Babys gibt es derzeit noch nicht. Wenn dein Kind auf Soja allergisch reagiert, sollte es darauf verzichten. Hülsenfrüchte sind übrigens nicht umstritten und dürfen schon in der Beikost verabreicht werden (z. B. rote Linsen).

Nicht empfohlen wird, Sojamilch als Muttermilchersatz zu verwenden. Im ersten Lebensjahr kannst du auf eine HA-Milch oder Säuglingsanfangsnahrung auf Sojabasis zurückzugreifen, wenn du keine herkömmliche Pre-Milch geben möchtest. Besprich dies am besten auch mit dem Kinderarzt.

Sojamilch sollte nicht als Muttermilchersatz verwendet werden.

Für Kinder über ein Jahr gilt: Menge und Vielfalt machen es aus. Tofu in kleinen Mengen ist in Ordnung. Achte beim Kauf auf naturbelassene Produkte, deren Soja aus Europa stammt, und biete unterschiedliche Proteinquellen an.

Wie viel Salz braucht mein Kind?

Kinder bis ein Jahr sollten kein Salz zu sich nehmen, da ihre Nieren noch nicht richtig entwickelt sind. Für ein Kind unter einem Jahr sind aber 0,4 g Natrium erlaubt. Kinder bis ca. drei Jahre sollten nicht mehr als 2 g pro Tag essen, Erwachsene nicht mehr als 5–6 g. Bei zu viel Salz scheidet der Körper zu viele wichtige Mikronährstoffe aus. Ein dauerhaft hoher Salzkonsum fördert zudem Bluthochdruck und kann die Niere schädigen.

Der Körper braucht aber auch Salz, ganz ohne geht es nicht. Auch ist jodiertes Salz oder eine jodierte Gemüsebrühe beim Kochen empfohlen, um den Körper mit Jod zu versorgen. Steinsalz oder Himalajasalz sind übrigens meistens nicht jodiert.

Tipps für einen geringeren Salzverbrauch: Verwende zum Kochen mehr Gewürze und Kräuter als Salz. Stell kein Salz zum Nachwürzen auf den Tisch.

Verwende zum Kochen mehr Gewürze und Kräuter als Salz.

Sind Tischregeln wirklich nötig?

Tischregeln vereinfachen das Leben am Esstisch. Es müssen nicht viele Regeln sein und es sollte keine Restriktionen geben, wenn sie einmal nicht eingehalten werden. Wenn man mit kleineren Kindern auf Papier einige Regeln aufzeichnet oder sie mit größeren bespricht, hilft es dem harmonischen Zusammenleben sehr. Diese Regeln können z. B. sein:

- Wir helfen einander beim Tischdecken und räumen gemeinsam ab.
- Niemand muss alles aufessen.
- Wer fertig ist, darf spielen gehen oder wartet auf die Geschwister.
- Das Essen bleibt auf dem Tisch und wird nicht hinuntergeworfen.
- Wir haben kein Spielzeug und keine Bücher während des Essens auf dem Tisch liegen.
- Wir bleiben durchgehend sitzen am Tisch, ohne ständig zum Spielen aufzustehen.
- Frühstück, Mittag- und Abendessen werden zu festgelegten Zeiten gegessen, das gilt auch für Snacks.

Was mache ich, wenn mein Kind nicht aufisst?

Wenn nur wenig Reste übrig bleiben, kann man sie zur nächsten Mahlzeit nochmals anbieten oder verwerten. Zwinge dein Kind nie, aufzuessen! Beim nächsten Essen soll es sich lieber kleinere Portionen auftun.

Gemüsereste können in Suppe oder Auflauf verwertet werden, Nudeln am nächsten Tag mit anderen Nudelsorten. Verarbeite Gemüse- oder Müslireste zu Smoothies.

Was sollten Kinder im Restaurant essen?

Leider findet man in sehr vielen Restaurants weiterhin nur Pommes und Chicken Nuggets, Wurst oder Spaghetti Napoli auf der Kinderkarte. Hier sind Spaghetti die beste Lösung.

Vielleicht gibt es die Option, von der Standardkarte eine kleine Portion zu bestellen.

Vielleicht gibt es auch die Möglichkeit, von der Standardkarte eine kleine Portion zu bestellen oder dein Kind von deinem Teller mitessen zu lassen. Erkläre dem Inhaber, dass du nichts für dein Kind bestellst, um Foodwaste zu vermeiden. Ich achte immer darauf, dass ich eine Snackbox mit Gemüse und Obst dabeihabe, um dem Kind auch im Restaurant Vitamine anzubieten.

Wenn die Großeltern zu viele Süßigkeiten geben

Das ist für viele Eltern ein großes Problem. Ich empfehle, mit den Großeltern zu sprechen und ihnen zu erklären, dass du weißt, dass sie ihre Enkel lieben, du selbst aber den Zuckerkonsum der Kinder senken möchtest. Du könntest ihnen freundlich sagen, dass sie ihre Liebe auch anders zeigen könnten.

Gegenseitiges Verständnis ist wichtig, und bei den Großeltern darf es auch mal Ausnahmen geben. Eine offene Kommunikation hilft immer. Ihr als Eltern solltet schlussendlich die Entscheider sein.

Sind Lightprodukte oder fettreduzierte Produkte für Kinder geeignet?

Viele Erwachsene, die abnehmen möchten, denken, dass Lightprodukte gesünder seien. Ich empfehle aber weder Erwachsenen noch Kindern, Lightprodukte zu sich zu nehmen. Sie enthalten oft noch mehr Zusatzstoffe oder Zuckeraustauschstoffe, die sogar krebserregend sein können.

Fettreduzierte Produkte gleichen den Geschmack mit anderen Inhaltsstoffen aus. Kinder und Erwachsene benötigen frische, unverarbeitete Produkte. Lieber ein wenig Haushaltszucker verwenden als künstliche Produkte wie Aspartam oder Ähnliches. Sie regen den Appetit auf Süßes an und man isst mehr, als man eigentlich sollte.

Kinderleichte Rezepte, die allen schmecken

Hier findest du viele Ideen, um gesund und farbig zu kochen. Nimm dir die Rezepte, die dich ansprechen, und probiere gern Neues aus. Wenn du vor der Aufgabe stehst, erstmals einen Menüplan zu schreiben, dann lass dich jetzt von meinen Rezeptideen inspirieren und kombiniere sie mit deinen bewährten Gerichten.
Die folgenden Rezepte sind perfekt für den hektischen Familienalltag, wenn es schnell gehen muss: Viele sind in 30 Minuten gekocht, du kannst auch die Kinder miteinbeziehen oder die Gerichte vorbereiten.

Symbole
Mit diesen Symbolen verschaffst du dir schnell einen Überblick über die Art des jeweiligen Rezepts:

- Meal-Prep-geeignet
- für die Brotdose
- für Gemüsemuffel
- zum Einfrieren geeignet
- Fingerfood (Baby-led-weaning-geeignet)
- Blitzrezept
- vegan
- No waste (Reste-Rezept)

GRUNDREZEPTE FÜR JEDEN TAG

Pancakes

Zubereitungszeit: 15 Minuten

Zutaten für 10–15 Pancakes

150 g Mehl (z. B. Dinkel- und Vollkornmehl gemischt)
1 TL Backpulver
½ TL Maisstärke
1 Msp. Vanillemark (optional)
1 reife Banane
1 Ei
150 ml Milch deiner Wahl
1 TL Apfelessig
Öl zum Braten

Zubereitung

1 Mehl, Backpulver, Maisstärke und Vanillemark in eine Schüssel geben.

2 Die Banane zerdrücken, das Ei, Milch und Apfelessig dazugeben und alles gut pürieren, bis ein cremiger Teig entsteht. Falls er zu wenig flüssig ist, noch etwas Milch dazugeben, falls zu flüssig, 1–2 EL Mehl.

3 In etwas Öl beidseitig goldbraun backen.

Tipps, Varianten & Toppings

- Für die vegane Variante Ei-Ersatzpulver für 1 Ei nehmen sowie Hafermilch.
- Für einen Gemüse-Pancake 50 g Süßkartoffeln, Kürbis oder Karotte (Püree oder gerieben) zum Teig hinzufügen, 1–2 EL Mehl dazugeben.
- Für einen Spinat-Pancake 50 g TK-Spinat und 1–2 EL Mehl dazugeben.
- Das Rezept funktioniert auch ohne Banane, dann 30–40 ml mehr Flüssigkeit dazugeben.
- Mögliche Toppings: Frischkäse, Hummus, Käse, Obstmus, Blaubeersoße, frische Erdbeeren oder TK-Beeren, Banane, Aprikosenkompott, Rahmspinat, Tomatensoße usw.

Pancakes lieben wir süß oder mit Gemüse – auch da schmecken sie dank der Banane noch süßlich. Mal mit Spinat oder Süßkartoffeln, mal mit Äpfeln, dazu immer Rohkost oder ein gekochtes Gemüse und viele verschiedene Zutaten auf die Pancakes – jedes Kind kann wählen, was auf seine Pancakes kommt. Ein perfektes Kinderessen – und alle dürfen mit den Händen essen.

Waffeln

Zubereitungszeit: 15 Minuten

Zutaten für ca. 6 Waffeln

250 g Mehl (z. B. Dinkel- und Vollkornmehl gemischt)
1 EL Backpulver
1 Prise Salz
250 ml Milch deiner Wahl
30 ml Mineralwasser
30 g Rapsöl
2 EL Reissirup (optional für süße Waffeln)
Öl zum Backen

Zubereitung

1 Alle Zutaten in eine Schüssel geben und zu einem weichen Teig verrühren. Er sollte gut Fäden ziehen, aber nicht zu flüssig sein.

2 Das Waffeleisen erhitzen, mit Öl ausstreichen und die Waffeln backen.

Tipps, Varianten & Toppings

- Für die vegane Variante Sojamilch oder Haferdrink verwenden.
- Für Gemüsewaffeln ca. 30 g Gemüse oder Obst in den Teig mischen und nur 220 ml Milch verwenden. Als Gemüse eignen sich:
  - pürierter TK-Spinat
  - gedünsteter oder pürierter Grünkohl oder Brokkoli
  - Kürbis oder Karotte (Püree oder gerieben)
  - pürierte oder stückige Tomaten
  - 1 Banane für die süße Variante
- Die Waffeln können auch mit Ei zubereitet werden: dann 2 Eier verwenden, aber nur 200 ml Milch.
- Toppings: Apfelmus, Mandelmus, Frischkäse, Joghurt, Rohkost, Früchte, Kompott, Zimt

Waffeln sind ein schnelles, einfaches Mittagessen und du kannst super Gemüse integrieren. Der Teig lässt sich gut vorbereiten.

Pizzateig

Zubereitungszeit: 10 Minuten
Ruhezeit: 1 Stunde

Zutaten für 1 Blech

300 g helles Dinkelmehl
150 g dunkles Mehl (z. B. Vollkorn, Urdinkel)
50 g Hartweizengrieß
1 ½ TL Salz
10 g frische Hefe
2 EL Oliven- oder Rapsöl

Zubereitung

1 Die Mehle und den Grieß in eine Schüssel geben. Salz dazugeben, umrühren.

2 Die Hefe mit 300 ml warmen Wasser vermischen und zum Mehl geben. Zu einem geschmeidigen Teig mischen. Eine Stunde oder länger gehen lassen.

Tipps, Varianten & Toppings

Aus Pizzateig lassen sich folgende Rezepte zubereiten:

- Pizza und Pfannenpizza
- Stangenbrot für den Grill und den Wald
- kleine Pizzaschiffchen aus dem Ofen
- Gemüsetaschen, Pizzataschen und Pizzamuffins
- Pizzabrötchen für die Brotdose

Seit ich den Pizzateig selbst mache, mag ich gekauften Teig nicht mehr. Mit dem Pizzateig kann man tolle Rezepte zaubern, er ist vielseitig einsetzbar. Je nach Lust und Laune nehme ich mehr oder weniger Vollkornmehl dazu oder lasse ihn länger gehen.

Tomatensoße

Zubereitungszeit: 15 Minuten

Zutaten für 4 Personen

- 1 Zwiebel
- 1 Knoblauchzehe
- 1 EL erhitzbares Öl
- 1 Dose Pelati (400 g) oder 5 große Fleischtomaten
- Basilikum und Oregano (frisch oder getrocknet)
- Pfeffer
- 2–3 Prisen Salz oder Gemüsebrühe
- 1 Schuss Olivenöl

Zubereitung

1 Zwiebel und Knoblauch fein hacken. Wenig Öl in einer Pfanne erhitzen und Zwiebel und Knoblauch andünsten.

2 Die Pelati oder klein geschnittenen Fleischtomaten dazugeben und etwa 10 Minuten köcheln lassen. Mit Kräutern und Pfeffer und Salz abschmecken. Zuletzt einen Schuss Olivenöl dazugeben. Optional pürieren.

Tipps & Varianten

- Für eine vegane Bolognese-Grundlagensoße ½ Karotte und ¼ Paprika, 100 g Sojahack oder anderes veganes Hack und 100 ml Brühe hinzufügen.
- Für eine Gemüse-Tomatensoße ⅓ Zucchini, ¼ Paprika und ½ Aubergine hinzufügen, mit Bohnenbällchen (siehe Seite 136) servieren oder mit 50 g TK-Erbsen ergänzen oder mit 50 g roten Linsen kochen und pürieren.
- Soll die Soße etwas lieblicher sein, mit Sahne oder Frischkäse verfeinern; geht auch vegan.
- Die Soße kann mit 500 ml Gemüsebrühe und wenig Sahne verfeinert werden und ergibt dann eine leckere Tomatensuppe.

Diese Grundsoße lässt sich mit vielen guten Zutaten ergänzen, man kann sie einfrieren oder mindestens vier Tage in der Frischhaltebox im Kühlschrank aufbewahren.

Gemüsesuppe

Zubereitungszeit: 15–20 Minuten

Zutaten für 4 Personen

500 g Gemüse (z. B. Karotte, Lauch, Blumenkohl)
1 Zwiebel
1 Knoblauchzehe
100 g Kartoffeln, mehligkochend
500 ml Gemüsebrühe
50 ml Sahne oder Sojasahne
Kräuter, frisch (optional)

Zubereitung

1 Gemüse klein schneiden, alles außer Sahne und Kräuter zusammen in einem Topf mit der Brühe aufkochen und 10–15 Minuten köcheln lassen.

2 Gut pürieren, abschmecken und Sahne sowie ggf. Kräuter dazugeben.

Tipps & Varianten

- Je kleiner das Gemüse, desto schneller ist es gar.
- Die Suppe wird zu einer Kürbissuppe, wenn man als Zutaten Kürbis, Karotten und Kartoffeln nimmt.
- Für eine vegane Variante statt Sahne Sojasahne verwenden und mit etwas Hefeflocken verfeinern.
- Für eine Spinatsuppe Spinat, Kartoffeln, Erbsen und Lauch hinzugeben.
- Bei einer Brokkolisuppe lässt sich der Brokkoli gut mit Kartoffeln und Karotten kombinieren. Unbedingt den Stängel mitverarbeiten.
- Zu dem Grundrezept passen 50 g roten Linsen oder Mungbohnen.
- Auch die Kombination mit Paprika und Tomate sowie Kartoffeln ergibt eine leckere rote Suppe.

Suppen essen wir von Herbst bis Frühling eigentlich immer. Ob Brokkolisuppe oder Kürbissuppe, sie ist schnell zubereitet, dazu gibt's Brot, Rohkost, Käse, Hummus oder Ei.

Veganer Parmesan

Zubereitungszeit: 5 Minuten

Zutaten für 1 Glas

50 g Mandeln
80 g Cashewkerne
1 EL Hefeflocken
½ TL Knoblauchpulver
1 gestr. TL Salz

Zubereitung

1 Alle Zutaten in einen leistungsstarken Mixer oder eine Küchenmaschine geben und alles gut mixen, bis es nur noch ganz wenig körnig ist.

2 Nach Belieben nochmals mit Hefeflocken oder Knoblauchpulver abschmecken.

Tipp

- Der Parmesan ist im Kühlschrank gut verschlossen ca. 2 Wochen haltbar.

Dieser „Parmesan" ist vielseitig einsetzbar. Man kann ihn über Nudeln und Aufläufe streuen und in Soßen verrühren. Wenn du eine wirklich gesunde vegane Variante zur Hand haben möchtest, dann versuch es mit diesem selbst gemachten Parmesan, der auch noch sehr nährstoffreich ist.

FRÜHSTÜCKSIDEEN FÜR KLEIN UND GROSS

Porridge mit Zwetschgenkompott

Zubereitungszeit: 20 Minuten

Zutaten für 2–3 Portionen

100 g Zwetschgen
80 g Vollkornhaferflocken (fein)
150 ml Milch deiner Wahl
1 Prise Vanillemark

Zubereitung

1 100 g Zwetschgen klein schneiden, mit 2 EL Wasser 10 Minuten köcheln lassen, bis sie zerfallen.

2 In der Zwischenzeit die Flocken mit 150 ml Wasser und der Milch aufkochen und 5 Minuten köcheln lassen. Vanillemark dazugeben, kurz stehen lassen. Falls zu dick, noch etwas Flüssigkeit dazugeben.

3 Den Porridge kurz stehen lassen. Anrichten und 1–2 EL Zwetschgenkompott darübergeben.

Tipps & Varianten

- Statt frischer Zwetschgen Zwetschgenkompott verwenden. Im Sommer geht es auch mit anderem Obst wie Aprikosen, Beeren oder im Winter mit Apfel oder TK-Früchten.
- Dörrfrüchte, Mandelmus oder Nüsse und Kerne ergänzen einen Porridge und machen ihn spannend.
- 1 TL ungesüßtes Kakaopulver mit klein geschnittener Banane ergeben ein süßes, aber gesundes Frühstück für alle Schokoliebhaber.
- Zu einer Gemüsevariante wird Porridge, wenn man ein wenig Kürbispüree daruntermischt und Zimt darüberstreut.
- Wird das Kompott am Tag vorher zubereitet, ist das Frühstück schneller auf dem Tisch.

Mit warmem Porridge im Bauch starten die Kinder besonders im Winter optimal in den Tag. Variiere hier mit Flocken und Toppings und lass dein Kind mitentscheiden, was es im Porridge haben möchte.

Baked Oats mit Karotten

Zubereitungszeit: 10 Minuten
Backzeit: 20–25 Minuten

Für 2 Personen (1 Lunchbox von 18 x 13,5 cm)

120 g Vollkornhaferflocken (fein)
1 kleine Karotte
3–4 Walnüsse
300 ml Milch deiner Wahl
½ TL Backpulver
1 EL Rosinen (optional)
Zimt und Kardamom
2 EL Apfelmus

Zubereitung

1 Die Haferflocken in einer Küchenmaschine grob mahlen. Die Karotte fein reiben. Die Walnüsse grob hacken.

2 Alle Zutaten zusammen vermischen und in eine kleine Auflaufform geben.

3 Bei 180 °C Umluft 20–25 Minuten backen.

Varianten

- Statt 2 EL Apfelmus eine halbe pürierte Banane verwenden.
- Das Essen mit Beeren oder Karotten toppen.
- Im Winter etwas Lebkuchengewürz untermischen.
- Zuckerfreie dunkle Schokodrops darüberstreuen.

Dieses Rezept ist sehr lecker im Winter und wenn warme Gerichte gefragt sind. Wenn du etwas weniger Flüssigkeit verwendest, werden die gebackenen Haferflocken zu einem Kuchen, den du in Stücke schneiden kannst.

Birchermüsli

Zubereitungszeit: 10 Minuten
Zutaten für 1 Portion

30 g Vollkornhaferflocken (fein und grob gemischt)
50 ml Wasser oder Milch deiner Wahl
3 EL Orangensaft
½ Apfel
½ Banane
3 EL Naturjoghurt
2 TL Mandelmus oder gehackte Mandeln
1 Handvoll frische Früchte (z. B. Aprikosen, Beeren, Trauben)
Rosinen (optional)

Zubereitung

1 Die Flocken in eine Schüssel geben. Milch oder Milch-Wasser-Gemisch und Orangensaft darübergeben.

2 Apfel grob reiben, Banane in kleine Stücke schneiden und beides daruntermischen.

3 Joghurt, Mandelmus/gehackte Nüsse unter das Müsli mischen.

4 Das restliche Obst und optional Rosinen klein schneiden und unter das Müsli mischen, mindestens 10 Minuten stehen lassen.

Tipps & Varianten

- Im Winter TK-Beeren verwenden.
- Das Birchermüsli wird vegan, wenn man statt Naturjoghurt veganen Joghurt und Hafermilch oder Sojamilch nimmt.
- Für eine Gemüsevariante fein geriebene Karotte daruntermischen.
- Beerenpulver daruntermischen für eine andere Farbe.
- Bei den Nüssen variieren: statt Mandeln Haselnüsse oder auch Kürbiskerne und Leinsamen verwenden.
- Wenn jemand von euch keine Nüsse verträgt, versuch es mal mit gemahlenen Erdmandeln.
- Wenn das Birchermüsli zu wenig süß ist, 3–4 Datteln mit Milch pürieren und hinzufügen.

Unsere Familie isst es ab und zu zum Frühstück, aber noch lieber zum Mittag- oder Abendessen. Auch auf einer Wanderung oder im Freibad habe ich immer einen Kühlbehälter mit gesundem Birchermüsli dabei.

Overnight Oats

Zubereitungszeit: 5 Minuten

Für 1 Glas oder 1 Schale

- 50 g Vollkornhaferflocken (fein)
- 150 ml Sojamilch
- ½ TL Mandelmus
- 1 Prise Zimt
- Beeren und Nüsse als Topping

Zubereitung

1 Die Haferflocken in ein Glas (250 ml) geben und die Milch darübergießen, sodass die Flocken gut bedeckt sind. Über Nacht in den Kühlschrank stellen.

2 Am Morgen Mandelmus und Zimt daruntermischen. Nach Belieben mit Beeren, Früchten, Nüssen usw. garnieren.

Tipps & Varianten

- Für eine kernige Variante ½ TL Kernemix aus Kürbiskernen oder Sonnenblumenkernen untermischen.
- Im Winter sind warme TK-Beeren eine gute Option.
- Für eine Obstvariante eine Banane zerquetschen und dazumischen.
- Für eine Gemüsevariante Kürbispüree, geriebene Karotte oder Zucchini untermischen.
- Wer Overnight Oats eher warm mag, kann sie leicht erwärmen oder früh genug aus dem Kühlschrank nehmen.
- Crunchy Müsli oder Granola als Topping nehmen.

Die Overnight Oats sind das perfekte Rezept für alle, die am Morgen viel Stress haben. Du musst nichts mehr vorbereiten, nur noch einige Früchte oder Granola darübergeben. Ich selber mag es nicht sehr gerne kalt am Morgen, deshalb wärme ich die Overnight Oats. Wenn du die Overnight Oats in ein verschließbares Glas gibst, kannst du sie auch in die Schule mitgeben oder zur Arbeit mitnehmen.

Beeren-Hafer-Smoothie

Zubereitungszeit: 10 Minuten

Zutaten für 2 Gläser

2 EL Vollkornhaferflocken (fein) oder Schmelzflocken
1 reife Banane
4–5 Erdbeeren (auch TK)
2 EL Joghurt nach Wahl (z. B. Natur, Kokos oder Soja)
1 TL Mandelmus
1 TL geschrotete Kürbiskerne
150 ml Milch deiner Wahl

Zubereitung

1 Die Haferflocken in wenig Wasser 15 Minuten ziehen lassen oder mit heißem Wasser übergießen, damit sie weich werden, sonst wird der Smoothie stückig.

2 Obst fein schneiden.

3 Alle Zutaten in einen hohen Becher oder die Küchenmaschine geben und fein pürieren.

Tipps & Varianten

- Die Erdbeeren durch anderes Obst ersetzen.
- Für eine Gemüsevariante 2–3 Spinatblätter daruntermischen.
- Statt Haferflocken Hirseflocken verwenden.
- Wenn du eine größere Menge machst, möglichst kühl lagern.

Dieser eisenreiche Smoothie ist super zum Frühstück, wenn das Kind nicht so hungrig ist. Ihr könnt ihn auch gut mit in die Schule oder Kindergarten geben oder ihr packt ihn in einen wiederverwendbaren Quetschiebeutel ein. Wenn wir wandern gehen oder auf Reisen sind, habe ich gern einen solchen Smoothie dabei.

Süßkartoffel-Minipancakes mit Obst

Zubereitungszeit: 20 Minuten

Zutaten für 2–3 Portionen

50 g Süßkartoffeln oder Karotten
150 ml Milch deiner Wahl (Soja, Hafer)
100 g Dinkelmehl
50 g Dinkelvollkornmehl
1 EL Essig
1 TL Weinsteinpulver oder Backpulver
Kokosöl zum Anbraten
Milch und Früchte zum Anrichten
2 EL Ahornsirup (optional)

Zubereitung

1 Süßkartoffeln oder Karotten schälen und fein reiben, mit der Milch in einen hohen Becher geben und kurz pürieren.

2 Alle übrigen Zutaten dazugeben und zu einem Teig vermischen.

3 Einen Spritzbeutel mit dem Teig füllen.

4 In einer Pfanne Kokosöl heiß werden lassen, kleine Spritzer des Teigs in die Pfanne geben. Auf mittlerer Stufe wenige Minuten beidseitig goldbraun backen.

5 Die Minipancakes in eine Schüssel geben und abkühlen lassen.

6 Mit frischen Früchten sowie Milch deiner Wahl auf zwei Tellern anrichten. Nach Geschmack 2 EL Ahornsirup darübergeben.

Tipps & Varianten

- Du kannst die Pancakes auch mit einem Ei zubereiten, dann nur ca. 100 ml Milch verwenden.
- Die Pancakes sind auch super für kleine Kinder oder als Snack in der Brotdose.

Diese knusprigen Minipancakes sind eine echte Alternative zu gekauften Flakes, natürlich kannst du auch größere Pancakes aus dem Teig backen. Statt ungesunder Cerealien kannst du deinem Kind diese leckeren kleinen Pancakes als Frühstück servieren.

SCHNELLE HAUPTMAHLZEITEN MIT VIEL GEMÜSE

Meine Rezepte sind nach Gemüsezutat unterteilt und enthalten eine kurze, übersichtliche Anleitung mit Zutaten, die man überall bekommt. So sind sie schnell und einfach in den Familienalltag integrierbar. Die Rezepte werden vollwertig, indem du Vollkornmehl verwendest. Entscheide selbst, wie hoch der Anteil bei jedem Rezept sein soll. Ebenso ist es dir überlassen, den Gemüseanteil zu erhöhen.

Hirsotto mit Blumenkohl und Erbsen

Zubereitungszeit: 25 Minuten

Zutaten für 4 Personen

1 Zwiebel
1 EL Öl
300 g Hirse
500 ml Gemüsebrühe
100 g TK-Erbsen
300 g Blumenkohl
Salz
Kurkuma
veganer Reibekäse (optional)
Schnittlauch, fein gehackt

Zubereitung

1 Die Zwiebel klein hacken. In etwas Öl in der Pfanne anbraten und die Hirse dazugeben, kurz mitbraten.

2 Mit der Gemüsebrühe ablöschen und die Erbsen dazugeben. Regelmäßig umrühren. Sollte das Hirsotto zu wenig Flüssigkeit haben, etwas Brühe dazugeben. Ca. 15 Minuten auf kleiner Stufe köcheln lassen.

3 In der Zwischenzeit den Blumenkohl in kleine Röschen teilen. In einer zweiten Pfanne den Blumenkohl mit wenig Wasser bedecken, eine Prise Salz dazugeben und aufkochen. 5–6 Minuten dämpfen und ein wenig Kurkuma darüber streuen, damit er gelb wird. Die Herdplatte abstellen und stehen lassen, bis der Blumenkohl weich ist.

4 Den Hirsotto mit dem Blumenkohl anrichten und nach Belieben mit veganem Reibekäse und Schnittlauch servieren.

Tipps & Varianten

- Statt Erbsen lassen sich auch Karotten, Kürbis, Zucchini, Tomaten oder Spinat verwenden.
- Optional kann man zu dem Hirsotto auch Pilze dazugeben.
- Einen Teil der Hirse für mehr Abwechslung mit weißer Quinoa ersetzen.

Hirsotto ist eine gute Alternative zu Risotto, das meist mit weißem Risottoreis zubereitet wird. Hirse ist enorm gesund und liefert viele wichtige Mikronährstoffe. Mein Tipp für den Anfang: Mische wenig Hirse ins Risotto und gewöhne die Familie langsam daran.

Blumenkohl-Wings

Zubereitungszeit: 10–15 Minuten
Backzeit: 20–25 Minuten

Zutaten für 4 Personen

1 Blumenkohl (ca. 500 g)
100 g Mehl
150 ml Sojamilch
½ TL Salz
1 Msp. Knoblauchpulver
100 g Pankomehl (alternativ Paniermehl oder Reismehl)
1 TL Paprikapulver edelsüß
1 TL Hefeflocken
Salz

Für den Dip

150 g (veganer) Sauerrahm oder Kokosjoghurt
Salz
Schnittlauch, fein gehackt
1 TL Zitronensaft

Zubereitung

1 Den Blumenkohl in kleine Röschen teilen, kurz in wenig Wasser (5–7 Minuten) bissfest kochen. Anschließend abschrecken und beiseitestellen.

2 In einem tiefen Teller Mehl und Milch verrühren. Salz, Knoblauchpulver dazugeben. 3–4 EL Wasser daruntermischen, bis es eine cremige Masse ist.

3 In einen zweiten Teller das Paniermehl sowie Paprikapulver und Hefeflocken und eine Prise Salz geben und gut mischen.

4 Jedes Blumenkohlröschen zuerst in der Milch-Mehl-Mischung und dann im Paniermehl wenden.

5 Alles auf ein mit Backpapier ausgelegtes Backblech geben (nicht zu dicht aneinander).

6 Ca. 20–25 Minuten im Ofen bei 180 °C knusprig backen.

7 In der Zwischenzeit die Soße für den Dip vorbereiten: Sauerrahm oder Joghurt mit einer Prise Salz sowie z. B. Schnittlauch und Zitronensaft mischen.

Blumenkohl-Wings sind die perfekte vegane Alternative zu Chicken Nuggets und besonders für alle Kinder geeignet, die es gerne knusprig mögen. Eigentlich kann man fast jedes Gemüse panieren. Serviere dem Kind auf diese Art Blumenkohl, Brokkoli oder Karotte einmal anders.

Couscous mit Gemüse

Zubereitungszeit: 20 Minuten

Zubereitung für 4 Personen

300 g Vollkorncouscous
300 g Gemüsebrühe
Olivenöl
1 Karotte
½ rote Paprika
½ Kohlrabi
½ Blumenkohl in Röschen
1 EL Öl
200 g Räuchertofu (optional)
Salz
frische oder getrocknete Kräuter (je nach Saison)

Zubereitung

1 Den Couscous nach Anleitung mit der Gemüsebrühe kochen (ca. 5 Minuten) und stehen lassen.

2 In der Zwischenzeit das Gemüse in Streifen oder kleine Stücke schneiden.

3 In einer Pfanne das Öl und 3–4 EL Wasser erhitzen und das Gemüse dazugeben. Falls Tofu dazukommt, würfeln und ebenfalls dazugeben.

4 Das Gemüse auf mittlerer Stufe ca. 10 Minuten dämpfen oder leicht anbraten, eventuell etwas mehr Öl dazugeben. Mit Salz und Kräutern würzen und zusammen mit dem Couscous servieren.

Tipps & Varianten

- Das Gemüse kann auch nur gedämpft oder im Ofen gebacken werden.
- Kichererbsencouscous oder Dinkelcouscous verwenden.
- Für einen Couscoussalat dem Couscous rohes Gemüse in kleinen Stücken (z. B. Tomaten, Gurken, Paprika, Kichererbsen) untermischen.

Couscous ist das absolut schnellste warme Gericht. Entweder verwende ich dazu eine bereits gekochte Gemüse-Tomaten-Soße oder Ratatouille oder ich brate Gemüse dazu kurz an. Manchmal gebe ich auch Räuchertofu zum Gemüse in die Pfanne oder Würstchen. Couscous eignet sich auch super als Salat für die kalte Küche oder einen Grillabend sowie für Puffer. Wenn ihr einen Gemüsemuffel am Tisch habt, dann serviert alles schön separat. Wenn nicht, könnt ihr das Gemüse würfeln und unter den Couscous mischen.

Brokkolipesto

Zubereitungszeit: 10 Minuten

Zutaten für 1 Glas

- 140 g Brokkoli
- 1 Handvoll Basilikum (ca. 10 Blätter)
- 40 g Cashews
- 1 EL Pinienkerne oder Mandeln
- ½ Knoblauchzehe (optional)
- 1 TL Hefeflocken (optional)
- 40 ml Olivenöl
- 2 EL Zitronensaft
- Salz
- Pfeffer

Zubereitung

1 Brokkoli klein schneiden, wenige Minuten in wenig Wasser dämpfen, abkühlen lassen.

2 In der Zwischenzeit alle übrigen Zutaten in einen hohen Becher geben. Mit dem abgekühlten Brokkoli zu einem cremigen Pesto pürieren.

Tipps & Varianten

- Nüsse rösten und dem Pesto hinzufügen.
- Nur Brokkoliröschen verwenden, dann wird das Pesto grüner.
- Brokkoli durch anderes Gemüse wie Spinat, Grünkohl oder Karottengrün austauschen.
- Das Pesto hält sich in einem Glas zwei Wochen im Kühlschrank und kann auch eingefroren werden.

Ich kenne viele Kinder, die Pesto lieben. Wenn das Kind Brokkoli verschmäht, kannst du es mit einem Pesto versuchen. Ich verwende für mein Pesto gerne auch den Strunk, um Foodwaste zu vermeiden. Für kleinere Kinder verwende ich zudem nur ganz wenig Knoblauch.

Kichererbsen-Brokkoli-Bällchen

Zubereitungszeit: 25 Minuten

Zutaten für 4 Personen (ca. 20 Bällchen)

- 1 kleine Zwiebel
- 2 Karotten
- 4–6 große Brokkoliröschen
- 2 EL Öl
- 180 g Kichererbsenmehl
- 1 Handvoll frische Gartenkräuter, Schnittlauch oder getrocknetes Basilikum
- ½ TL Gemüsebrühe
- ½ TL Kurkuma
- Salz und Pfeffer
- 2 EL Rapsöl oder Kokosöl

Zubereitung

1 Die Zwiebel klein hacken. Die Karotten schälen und ganz klein würfeln oder grob reiben. Die Brokkoliröschen grob hacken. Öl und 2 EL Wasser in einer Pfanne erhitzen und das Gemüse und die Zwiebel kurz andünsten, beiseitestellen.

2 In einer Schüssel das Mehl mit 50 ml Wasser vermischen, bis es ein Teig wird. Die klein geschnittenen Kräuter, Gemüsebrühe, 50 ml Wasser, Kurkuma, Salz und Pfeffer dazugeben, abschmecken. Falls es zu trocken ist, einige EL Wasser dazugeben.

3 Das Gemüse daruntermischen und alles zu einem glatten Teig vermischen, den man zu Kugeln formen kann

4 Aus dem Teig falafelgroße Kugeln formen. In einer Pfanne Öl erhitzen und die Kugeln darin goldbraun anbraten.

Tipps & Varianten

- Statt Brokkoli frischen Spinat oder TK-Hackspinat, Süßkartoffelwürfel oder Mais verwenden.
- Statt Kichererbsenmehl Dosenkichererbsen und zusätzlich einige EL normales Mehl verwenden.

Kleine Kinder lieben Fingerfood, deshalb liebt auch meine Familie diese Bällchen. Ob als Snack oder Hauptspeise oder zu Nudeln oder Reis – die Bällchen passen immer. Mische das Gemüse unter, das vielleicht übrig ist oder du aufbrauchen musst.

Empanadas

Zubereitungszeit: 45 Minuten

Zutaten für 16 Stück

Für den Teig
- 150 g helles Dinkelmehl
- 100 g Vollkornmehl
- Salz
- 125 g kalte Butter oder Margarine

Für die Füllung
- 100 g grüne TK-Bohnen, aufgetaut
- 2 mittelgroße Kartoffeln, festkochend
- 1 Frühlingszwiebel
- 1 Knoblauchzehe
- Öl zum Braten
- Gewürze nach Wahl: Paprika, Salz, Pfeffer, Oregano, Thymian
- 2–3 EL Mais (optional)
- Crème fraîche oder Skyr

Zubereitung

1 Die Mehle mit 1 TL Salz vermischen, die Butter in kleine Stücke schneiden und mit den Händen zu einem krümeligen Teig kneten.

2 75 ml Wasser dazugeben und zu einem geschmeidigen Teig kneten. Die Teigkugel in den Kühlschrank stellen.

3 In der Zwischenzeit die Füllung vorbereiten: Bohnen in kleine Stücke schneiden, Kartoffeln schälen und ebenfalls in ganz kleine Stücke schneiden. Zwiebel und Knoblauch fein hacken.

4 In einer Pfanne wenig Öl heiß werden lassen, alles Gemüse dazugeben und anbraten, bis es gar ist. Eventuell einige EL Wasser dazugeben.

5 Gewürze und ggf. den Mais dazugeben. Falls das Gemüse zu groß ist, mit einer Gabel etwas zerdrücken.

6 Eine Fläche mit Mehl bestäuben und den Teig dünn ausrollen (ca. 0,5 mm). Mit einem großen Glas Kreise ausstechen.

7 Auf jeden Teigkreis 1–2 TL Füllung geben, sodass man ihn noch schließen kann. Zuklappen und am Rand mit einer Gabel zusammendrücken. Alle Empanadas sollten gut verschlossen sein. Kurz kühl stellen.

8 In einer Pfanne Öl heiß werden lassen und die Empanadas beidseitig goldbraun anbraten. Mit einem Klacks (veganer) Crème Fraîche oder Skyr servieren.

Tipp

- Die Empanadas können auch mit Tomatensalsa, Salat oder Guacamole serviert werden.
- Verwende anstelle der Bohnen auch Erbsen, Karotten oder anderes Gemüse.

Diese Teigtaschen sind etwas aufwendiger. Es lohnt sich aber, denn sie schmecken enorm gut. Teigtaschen sind perfekt, um Gemüse in einer neuen Variante zu servieren und auch mal ungewohntes Gemüse anzubieten.

Erbsen-Kartoffel-Taler

Zubereitungszeit: 35–40 Minuten

Zutaten für 4 Personen

800 g Kartoffeln, mehligkochend
120 g TK-Erbsen
1 kleine Zwiebel
etwas Mehl
1 Ei
Petersilie und Schnittlauch, klein gehackt
Salz
Pfeffer
50 g pikanter Reibekäse
Öl zum Braten

Zubereitung

1 Die Kartoffeln schälen, in Stücke schneiden und ca. 20 Minuten mit wenig Wasser dämpfen. Die Erbsen in den letzten 5 Minuten mitkochen, sodass sie gar sind. Alles kurz abkühlen lassen. Kartoffeln und Erbsen zu Püree stampfen.

2 Die Zwiebel ganz klein hacken und daruntermischen.

3 Die Masse nun mit Mehl, Ei, Gewürzen und dem Reibekäse zu einem Teig vermischen. Ist der Teig zu klebrig, noch etwas mehr Mehl dazugeben.

4 Taler formen und mit Öl in einer Pfanne beidseitig goldbraun anbraten.

Tipps & Varianten

- Für vegane Taler das Ei durch Ei-Ersatzpulver ersetzen oder durch 2 EL Sojamilch mit 2 EL Kartoffel- oder Maisstärke.
- Statt Reibekäse veganen Reibekäse oder 1 EL Hefeflocken verwenden.
- Statt Erbsen Spinat, Süßkartoffeln oder Kürbis nehmen.
- Die Taler können auch als Finger geformt und paniert werden.

Diese Taler sind absolut super, kleine Kinder werden sie lieben. Lasst euer Kind mit der Hand essen, macht die Taler für kleinere Kinder länglich und dünn wie Finger, damit sie den Puffer in die Hand nehmen können.

Schnelle Spaghetti mit Erbsen und Zitrone

Zubereitungszeit: 15 Minuten

Zutaten für 4 Personen

400–500 g Soja- oder Vollkornspaghetti
300–400 g TK-Erbsen
¼ TL Gemüsebrühe
1 Bio-Zitrone
4–5 EL Olivenöl
Kräuter, frisch (z. B. Thymian, Zitronenthymian)

Zubereitung

1 Das Wasser für die Nudeln aufkochen, nach Anleitung al dente kochen.

2 In der Zwischenzeit in einer Pfanne die Erbsen mit wenig Wasser bedecken, Gemüsebrühe dazugeben und 5 Minuten gar kochen, bis das Wasser verdampft ist.

3 Die Zitrone waschen, die Schale abreiben. Den Saft und die Schale zu den Erbsen geben, mit Olivenöl mischen und zuletzt die Spaghetti daruntermischen. Mit Kräutern garnieren.

Ich liebe diese Kombination aus Erbsen und Zitrone. Dieses Gericht ist enorm schnell zubereitet und gesund. Es lässt sich auch aus Spaghettiresten zubereiten, indem du die Erbsen zuerst in wenig Wasser in der Pfanne dämpfst und dann die Spaghetti dazugibst und kurz anbrätst.

Vegane Meatballs

Zubereitungszeit: 25 Minuten

Zutaten für 4 Personen

- 4 Cherrytomaten oder 1 kleine Fleischtomate ohne Kerne
- 1 kleine Zwiebel
- ½ Karotte
- ⅓ rote Paprika
- 1 Dose Kidneybohnen (Abtropfgewicht 260 g)
- 2 EL Tomatenmark
- 2–3 EL Mehl
- 100 g Haferflocken (fein)
- Kräutersalz
- Pfeffer
- Paprikapulver edelsüß (optional)
- Kurkuma (optional)
- Öl zum Braten

Zubereitung

1 Tomaten, Zwiebel, Karotte und Paprika klein schneiden und in eine Küchenmaschine oder hohen Becher geben. Gut pürieren.

2 Die abgetropften Bohnen zusammen mit dem Tomatenmark dazugeben. Alles gut pürieren.

3 Das Mehl und die Haferflocken mit den Bohnen in eine Schüssel geben, gut mischen, sodass ein dicker Teig entsteht. 5 Minuten stehen lassen, dann mit Kräutersalz und ggf. weiteren Gewürzen würzen.

4 Aus dem Teig kleine Kugeln (etwa Falafelgröße) formen und diese in Öl goldbraun anbraten.

Tipp:

- Dazu passen Kartoffelwedges oder selbstgemachte Pommes (siehe S. 202).
- Vegane Mayo – dieser selbstgemachter Dip passt perfekt dazu: Mische 150 g Seidentofu (alternativ Sojajoghurt), 2 EL Kräuter- oder Weißweinessig, 1 TL Senf, 1–2 Prisen Kala Namak und ½ TL Kräutersalz.

Die veganen eisenreichen „Meatballs" sind gerade für kleinere Kinder das perfekte gesunde Fingerfood. Sie eignen sich auch als Zusatz in der Tomatensoße oder für die Brotdose oder lassen sich gut einfrieren.

Linsen-Reis-Pancakes (Dosa)

Zubereitungszeit: 20 Minuten
Einweichzeit: 12 Stunden

Zutaten für 12 kleine Dosas

- 40 g rote Linsen
- 40 g Vollkornbasmatireis
- 100 ml Wasser oder Hafermilch-Wasser-Gemisch
- 1 Prise Salz
- Öl zum Braten
- Gurke, Apfel, Spinat, Tomaten und/oder Mandelmus (als Beilage)

Zubereitung

1 Die Linsen und den Reis in einen Becher geben, mit Wasser großzügig bedecken und 12 Stunden ziehen lassen.

2 Das Wasser abgießen und 100 ml frisches Wasser (oder ein Milch-Wasser-Gemisch) und Salz dazugeben. Alles gut pürieren.

3 In einer Pfanne Öl erhitzen und aus je ca. 2 EL Teig kleine Pfannkuchen goldbraun ausbacken.

4 Mit Gurke, Apfel, Tomaten und/oder Mandelmus servieren.

Tipps & Varianten

- Als Beilagenvariante Rahmspinat oder Rohkost reichen.
- Man kann aus den Pfannkuchen auch kleine Sandwiches machen und mit Frischkäse, Apfelmus, Banane, Beeren, Beerenquark, Käse usw. füllen.
- Die Dosas kann man kalt oder warm genießen, so sind sie auch für die Brotdose geeignet.

Wenn ihr pflanzenbasiert lebt, solltet ihr für eine gesunde Darmflora öfter Hülsenfrüchte essen. Linsen liefern viel Eisen und Protein. Diese Dosas sind enorm lecker und vielseitig kombinierbar.

Karottenhummus mit weißen Bohnen

Zubereitungszeit: 10 Minuten

Zutaten für 1 Schale

1 Karotte
250 g weiße Bohnen (Dose/Glas, Abtropfgewicht)
1 TL weißes Tahin
1 Stängel Petersilie
50 ml Zitronensaft
Kräutersalz
Pfeffer
1 kleine Knoblauchzehe
25 ml natives Olivenöl
4 Vollkornwraps

Zubereitung

1 Karotte schälen und klein schneiden. Bohnen waschen und abtropfen. Petersilie waschen. Alle Zutaten in einen hohen Becher geben und gut pürieren. Mit Gewürzsalz, Pfeffer und zerdrücktem Knoblauch abschmecken.

2 Einen Wrap mit Hummus bestreichen und einrollen. Röllchen schneiden und mit Zahnstochern befestigen. Mit den restlichen Wraps ebenso verfahren.

Tipps & Varianten

- Für eine vollständige Mahlzeit Wrap-Rollen fertigen und Falafel, Rohkost oder einen Salat in den Wrap geben und aufrollen.
- Bei kleineren Kindern den Knoblauch weglassen oder nur sehr wenig verwenden.
- Statt weißer Bohnen Kichererbsen verwenden.
- Besser verträglich werden Bohnen, wenn man sie über Nacht in Wasser einlegt und dann das Wasser wegschüttet. Dann ca. 30 Minuten kochen.
- Statt Karotten Tomaten oder Tomatenpüree verwenden.

Dieser Dip ist eine gute Option, Hülsenfrüchte schmackhaft zu machen. Du kannst natürlich auch Kichererbsen verwenden wie in einem klassischen Hummus. Wir lieben diesen Hummus als Grundlage in einem Falafel-Wrap.

Erbsen-Minze-Hummus

Zubereitungszeit: 10 Minuten

Für 1 Schale

80 g TK-Erbsen
120 g weiße Bohnen (Dose/Glas, Abtropfgewicht)
½ Zwiebel
1 Knoblauchzehe
Salz
Pfeffer
1 EL weißes Tahin
3 EL Zitronensaft
3 EL Olivenöl
einige Blätter Minze

Zubereitung

1 Die Erbsen 3 Minuten mit wenig Wasser dünsten, bis sie weich sind. Gut abtropfen lassen.

2 Die Bohnen waschen, abtropfen und mit den Erbsen in einen hohen Becher geben. Zwiebel und Knoblauch grob schneiden, zusammen mit Salz, Pfeffer, Tahin und Zitronensaft in den Becher geben.

3 Alles gut pürieren. Ist das Mus zu dick, ein wenig kaltes Wasser dazugeben.

4 In eine Schüssel geben, Olivenöl darüberträufeln und mit einigen Minzblätter garnieren.

Tipp

- Passt als Gemüsedip sowie als Aufstrich in Sandwiches oder Wraps und auf Reiswaffeln oder Brot.

Dieser Hummus passt aufs Brot und eignet sich als Dip für Cracker oder als Beilage zur Brotzeit. Familien, die nicht oft am Abend warm kochen, sollten häufig Hummus auf den Tisch stellen.

Grüne Spinat-Dino-Waffeln

Zubereitungszeit: 15 Minuten

Zutaten für 2 Personen (6 Waffeln)

- 100 g TK-Spinat, gehackt, aufgetaut, ungewürzt
- 1 Ei
- 50 ml Milch
- 30 ml Mineralwasser
- 180 g Dinkelmehl (Vollkorn oder gemischt mit hellem Mehl)
- ½ TL Backpulver
- 30 g geriebener Käse
- Salz
- Pfeffer
- Schnittlauch, gehackt (optional)
- Öl zum Backen

Zubereitung

1 Alle Zutaten in eine Schüssel geben und gut pürieren, bis ein dicker Teig entsteht. Nach Belieben würzen.

2 Das Waffeleisen erhitzen, mit Öl bepinseln und die Waffeln goldbraun backen.

Tipps & Varianten

- Vegane Variante: Sojamilch sowie 1 TL Backpulver zusätzlich verwenden und 30 g veganen Käse oder 1 EL Hefeflocken dazumischen.
- Mit frischem Obst, Apfelmus, Bananen, Käse, Mandelmus, oder Rohkost-Gemüse servieren.
- Spinatwaffeln wegen des Spinats nicht einfrieren.
- Für eine Gemüsevariante Kürbis, Karotte, Süsskartoffel, Kartoffel, Erbsen oder Tomaten verwenden.

Mein jüngerer Sohn liebt Geschichten zum Essen. Bei den Spinatwaffeln fragt er immer, ob das früher Dinosaurier-Tatzen waren. Denn genauso sehen sie aus. Erzähl ruhig mal eine lustige Geschichte zum Essen, viele Kinder lieben das.

Spinat-Omelette mit Apfel

Zubereitungszeit: 25 Minuten
Ruhezeit: 30 Minuten

Zutaten für ca. 12 Pfannkuchen

200 ml Milch
Salz
1 EL Reissirup
1 Ei
100 g TK-Spinat, gehackt, aufgetaut
200 ml Mineralwasser mit Kohlensäure
200 g Dinkelmehl Type 1050
50 g Kichererbsenmehl
1 TL Backpulver
3 süßliche Äpfel
Zimt
Kokosöl zum Braten

Zubereitung

1 Milch mit einer Prise Salz, Reissirup, Ei sowie dem aufgetauten TK-Spinat vermischen. Das Mineralwasser dazugeben, nochmals gut pürieren.

2 Die Mehle und das Backpulver daruntermischen und zu einem homogenen, flüssigen Pfannkuchenteig vermischen. 30 Minuten stehen lassen.

3 In der Zwischenzeit die Äpfel schälen, entkernen und in kleine Stücke schneiden. In eine Pfanne geben, mit wenig Wasser und etwas Zimt aufkochen, 5 Minuten köcheln lassen und dann stehen lassen, sodass die Äpfel schon etwas zerfallen, aber es noch kein Apfelmus ist.

4 In einer Pfanne Öl heiß werden lassen und nach und nach die Pfannkuchen goldbraun ausbacken. Mit den Äpfeln füllen und aufrollen.

Tipps & Varianten

- Vegane Variante: Hafermilch verwenden sowie Eiersatzpulver oder 1 TL Maisstärke.
- Die Pfannkuchen lassen sich auch mit Frischkäse, Hummus, geriebenem Käse, Bananen, Apfelmus usw. füllen und aufrollen.
- Für die pikante Variante den Reissirup und die Äpfel weglassen.
- Für kleine Kinder Röllchen schneiden.

Spinat eignet sich hervorragend in Pancakes, Waffeln, Muffins und Omelett. Diese grünen Omelettes enthalten viel Eisen und der Apfel fördert die Eisenaufnahme.

Grüne-Monster-Pancakes

Zubereitungszeit: 15–20 Minuten

Zutaten für ca. 10 Stück

- 60 g TK-Spinat, gehackt, aufgetaut
- 150 g Mehl (z. B. Dinkelmehl und Vollkornmehl)
- 30–40 g Kichererbsenmehl oder Reismehl
- 1 TL Backpulver
- 180 ml Mineralwasser
- Salz
- 1 Ei
- Kokosöl zum Braten
- Topping: Apfelmus, Banane, Früchte, Beeren oder Mandelmus

Zubereitung

1 Den Spinat abtropfen lassen.

2 Zuerst Mehle und Backpulver, dann Mineralwasser, Salz, Ei und den Spinat in einen hohen Becher geben und alles gut pürieren, bis ein dickflüssiger Teig entsteht. Ist der Teig zu dick, noch etwas Flüssigkeit dazugeben (kommt auf den Spinat an), scheint er zu dünn, 1–2 EL Mehl dazugeben.

3 In einer Pfanne wenig Kokosöl warm werden lassen und auf mittlerer Stufe kleine Pancakes goldbraun braten.

4 Mit Toppings nach Wahl dekorieren.

Tipps & Varianten

- Für die vegane Variante Ei-Ersatzpulver oder 1 EL Maisstärke verwenden.
- Für eine süße Variante das Grundrezept vom Anfang mit einer Banane im Teig verwenden.
- Für eine Gemüsevariante statt Spinat Mangold oder Grünkohl nehmen.
- Spinatpancakes nicht wieder aufwärmen.

Wenn Kinder Spinat nicht so gerne mögen, dann probiere es mit diesen Pancakes. Spinat und Kichererbsenmehl enthalten Eisen, deshalb sollte man bei diesem Rezept auf Milchprodukte verzichten. Ein Ei erhöht den Eisengehalt noch mehr. Wenn du Apfel dazu servierst, erhöhst du mit dem Vitamin C die Eisenaufnahme.

Grünkohl-Bananen-Blinis

Zubereitungszeit: 20–25 Minuten

Zutaten für ca. 10 Blinis

- 3 Stängel Grünkohl ohne Stiel
- 2 reife Bananen
- 30 g TK-Spinat, gehackt, aufgetaut
- 200 g Buchweizenmehl (alternativ ein Mehl deiner Wahl, z. B. Vollkorndinkelmehl)
- 400 ml Pflanzenmilch
- 2 TL Backpulver
- 1 Prise Salz
- Kokosöl zum Braten

Zubereitung

1 Den Grünkohl mit wenig Wasser in einer Pfanne kurz andünsten, bis er weich wird. Das Wasser wegschütten.

2 Eine Banane klein schneiden, eine zurückbehalten. Alle Zutaten mit dem Grünkohl in einen Becher geben und gut mit dem Pürierstab pürieren. Falls der Teig zu dick ist, noch etwas Milch dazugeben.

3 Das Kokosöl in einer Pfanne heiß werden lassen. Mit einem Esslöffel kleine Pfannkuchen in die Pfanne geben und beidseitig goldbraun backen.

4 Die restliche Banane in Rädchen schneiden und auf die Blinis legen.

Grünkohl ist ein richtiges Superfood und sehr nährstoffreich. Die wenigstens Kinder werden Grünkohl aber einfach so mögen, er ist zu grün und herb im Geschmack. Zusammen mit Banane, süßlich und mit Obst verziert schmeckt er aber auf jeden Fall verpackt in diese Pancakes.

Grünkohlsmoothie

Zubereitungszeit: 5 Minuten

Zutaten für 4 kleine Gläser

1 Stängel Grünkohl
1 Apfel
1–2 reife Bananen
2 Kiwis
1 Spritzer Limetten- oder Zitronensaft
1 Handvoll frischer Spinat oder 1 Würfel TK-Spinat, aufgetaut
200 ml Wasser

Zubereitung

1 Den Grünkohl vom Stängel zupfen und mit wenig Wasser in einer Pfanne kurz andünsten, bis er weich wird. Das Wasser wegschütten.

2 Apfel, Bananen und Kiwis in kleine Stücke schneiden und in einen hohen Becher geben. Den Spinat und Limettensaft dazugeben. 200 ml Wasser darübergießen.

3 Mit einem Pürierstab gut pürieren.

Tipps & Varianten

- Wenn der Smoothie zu wenig süß sein sollte, kann man mit etwas Honig, Reissiurp oder Ahornsirup süßen oder einige Datteln mitpürieren.
- Das Verhältnis Obst zu Gemüse lässt sich je nach Vorliebe ändern.
- Statt Kiwis Orangen verwenden oder Obst, das schon überreif ist.
- Nach Belieben etwas Mandelmus daruntermischen.

Ein grüner Smoothie ist sehr gesund, da Kinder grünes Gemüse aber oft nicht mögen, empfehle ich, genug Obst – insbesondere Zitrone, Orange oder Kiwi – zu integrieren. Vielleicht hast du auch einen wiederbefüllbaren Quetschiebeutel, um den Smoothie zu verstecken. Wenn das Kind den Smoothie mag, kannst du laufend den Gemüseanteil erhöhen.

Kale-Chips

Zubereitungszeit: 10 Minuten
Backzeit: 30 Minuten

Zutaten für 1 Blech

4–5 Stängel Grünkohl

2–3 EL Rapsöl oder Kokosöl (hitzebeständig)

Salz

Paprikapulver edelsüß

Zubereitung

1 Den Grünkohl vom Stängel nehmen und in kleine Blättchen zerrupfen.

2 In einer Schüssel mit dem Öl vermischen und mit den Händen verkneten, bis alles ölig ist.

3 Den Grünkohl auf ein mit Backpapier ausgelegtes Blech geben und bei 100–120 °C ca. 30 Minuten trocknen lassen.

4 Grünkohl aus dem Ofen nehmen, in eine Schüssel geben und mit Salz und/oder Paprikapulver würzen.

Tipps & Varianten

- Wird der Backofen zu heiß, werden die Blätter schnell schwarz, also lieber eher länger, aber mit niedriger Temperatur backen.
- Alternativ kann man die Blättchen auch in eine große Bratpfanne geben und auf mittlerer Stufe trocken lassen. Öfter wenden, damit sie auch hier nicht schwarz werden.
- Gemüsechips kann man auch mit fein geschnittenen oder gehobelten Kartoffeln, Roter Bete, Süßkartoffeln, Karotten oder Kohlrabischeiben zubereiten.

Mein älterer Sohn verlangt jeden Herbst explizit nach Grünkohl-Chips (in Amerika kennt man das Trendrezept unter „Kale Chips"). Wenn Kinder es knusprig und knackig mögen, ist es einen Versuch wert, dieses Superfood-Gemüse mal in Chipsform zu servieren.

Tomaten-Kokos-Risotto

Zubereitungszeit: 30 Minuten

Zutaten für 4 Personen

1 kleine Zwiebel
2 EL Rapsöl
400 g Risottoreis (Kochzeit 15 Minuten)
800 ml Gemüsebrühe
4 große Tomaten oder 1 Dose Pelati (400 g)
Oregano, frisch
Basilikum, frisch
200 ml Kokosmilch
Salz
Pfeffer
8–10 Cherrytomaten, farbig
Schnittlauch, frisch

Zubereitung

1 Zwiebel fein hacken. Das Öl in der Pfanne erhitzen, den Reis und die Zwiebel dazugeben, eine Minute glasig andünsten. Dann zwei Drittel der Gemüsebrühe dazugeben, auf unterer Stufe leicht köcheln lassen. Immer wieder gut umrühren.

2 Inzwischen die Tomaten klein schneiden, oder die aus der Dose nehmen, in einen hohen Behälter geben. Den Oregano und mehrere Blätter Basilikum dazugeben. Alles fein pürieren und zum Risotto in die Pfanne geben. Die Kokosmilch dazugeben und gut umrühren. Weiter köcheln lassen.

3 Bei Bedarf etwas Brühe dazugeben, aber immer darauf achten, dass der Reis nicht zu flüssig wird. Nach etwa 15–20 Minuten (je nach Kochdauer des Reises) ist das Risotto bissfest. Mit Salz und Pfeffer abschmecken.

4 Mit Cherrytomaten und Schnittlauch dekorieren.

Tipps & Varianten

- Verfeinere mit Parmesan oder Reibekäse.
- Nimm statt Kokosmilch mehr Gemüsebrühe oder Sojasahne.
- Statt Tomaten, Hackspinat, Kürbis, Spargel, Erbsen, Karotten verwenden.
- Zusätzlich 2 EL gewaschene Mungbohnen, gelbe Linsen oder Hirse dazugeben, dadurch wird das Risotto noch gesünder.
- Das Risotto kann man auch einfrieren.

Dieses schnelle Risotto kann in verschiedenen Varianten zubereitet werden. Wenn kleine Gemüsemuffel am Tisch sitzen, die es nicht mögen, wenn etwas zu viele Stücke enthält, kannst du das Gemüse als Püree zum Reis hinfügen. Natürlich kannst du – sofern die Kinder es akzeptieren – auch Tomaten oder andere Gemüse, wie Kürbis, Karotten, Spargel, Paprika oder Erbsen, in Stücken dazugeben.

Blitz-Pizza

Zubereitungszeit: 20 Minuten

Zutaten für 4 Personen

- 8 Mini-Vollkorn-Fajita-Fladenbrote
- 1 Karotte
- weiteres Gemüse nach Belieben: Zucchini, Paprika, Brokkoli oder Cherrytomaten
- 2 Mozzarella (à 125 g)
- 1 Dose Pelati (400 g) oder Tomaten püriert oder Tomatensoße vom Vortag
- Salz
- Pfeffer
- italienische Kräuter, getrocknet

Zubereitung

1 Den Backofen auf 200 °C einstellen. Die Fladenbrote auf ein Blech mit Backpapier legen und in den Ofen schieben, damit sie etwas antrocknen (sonst wird der dünne Boden zu weich).

2 In der Zwischenzeit die Karotte und das übrige Gemüse fein reiben oder klein schneiden. Wenn du das Gemüse verstecken möchtest, mit dem Pürierstab in die Tomatensoße pürieren.

3 Den Mozzarella klein schneiden.

4 Die Fladenbrote aus dem Ofen nehmen. Zuerst mit der Tomatensoße, dann mit dem Gemüse und zuletzt mit dem Käse belegen. Nach Belieben mit etwas Salz, Pfeffer und italienischen Kräutern würzen.

5 Zurück in den Ofen für ca. 10 Minuten, bis der Käse verläuft.

Mein absolut schnellstes Pizzarezept, wenn ich keine Zeit habe! Die Kinder lieben es immer und helfen auch gern dabei, die Pizza zu belegen.

Pfannenpizza mit Brokkoli

Zubereitungszeit: 30 Minuten
Ruhezeit: 1 Stunde

Zutaten für 4 kleine Pizzen

Für den Teig

siehe Rezept „Pizzateig" auf S. 100

Für den Belag

- 1 Dose gehackte oder pürierte Pelati (400 g)
- 150–200 g Mozzarella
- 1 EL Oregano, getrocknet
- 1 EL Basilikum, getrocknet
- 1 Knoblauchzehe
- 1 EL Olivenöl
- ½ TL Salz
- mehrere Röschen Brokkoli (oder weiteres Gemüse)

Zubereitung

1 Die Zutaten für den Teig in eine Schüssel geben und alles zu einem geschmeidigen Teig mischen. 1 Stunde gehen lassen.

2 Den Teig dritteln oder vierteln und jedes Stück mit etwas Mehl ausrollen, sodass die Größe der Pfanne erreicht wird.

3 Die Zutaten für die Soße mischen. Wer keine Tomatenstücke mag, püriert sie.

4 Den Mozzarella in kleine Stücke schneiden oder zupfen.

5 Nun eine oder zwei große Pfannen auf mittlerer Hitze erwärmen, je einen Teig in die Pfanne legen (ohne Mehl auf dem Boden) und 5 Minuten backen.

6 Den Teig einmal drehen und darauf achten, ob die Hitze etwas reduziert werden muss und der Teig nicht zu dunkel wird. Dann mit Tomatensoße und Käse sowie Gemüse belegen. Deckel auf die Pfanne und mindestens 10 Minuten weiterbacken.

Tipp

- Für die vegane Variante einfach veganen Mozzarella oder Streukäse verwenden.

Pfannenpizza ist eine Alternative zur Backofenpizza und geht genauso schnell. Für die Pfannenpizza benötigst du eine große Pfanne mit Deckel. Falls du keinen Deckel hast, backe sie lieber im Ofen (10–15 Minuten).

One-Pot-Lasagne

Zubereitungszeit: 35 Minuten

Zutaten für 4 Portionen

1 kleine Zwiebel
1 Knoblauchzehe
1 Karotte
½ Paprika und/oder 50 g Sellerie
2 EL Olivenöl
80 ml Gemüsebrühe
8–10 Blätter Spinatlasagne
150 g Sojahack, -granulat oder Sonnenblumenhack
400 ml Tomatensoße püriert
50 ml Sahne
Parmesan
italienische Gewürze, getrocknet

Zubereitung

1 Zwiebel und Knoblauch fein hacken. Gemüse in kleine Würfel schneiden. Öl in einem Topf heiß werden lassen, alles Gemüse dazugeben und mit Zwiebel und Knoblauch kurz andünsten.

2 Gemüsebrühe dazugeben. Sobald sie kocht, die Spinatlasagne in grobe Stücke zerbrechen und ebenfalls dazugeben, umrühren.

3 Sojahack (oder -granulat/Sonnenblumenhack) und Tomatensoße dazugeben und alles köcheln lassen, bis die Soße eindickt und die Nudeln gar werden (ca. 20 Minuten).

4 Sahne dazugeben und mit Parmesan und Gewürzen abschmecken.

Tipps & Varianten

- Statt Sojagranulat lassen sich rote Linsen verwenden.
- Für mehr Gemüse einfach Zucchiniwürfel, frische Tomaten und Aubergine hinzufügen.
- Für die vegane Variante Sojasahne verwenden.
- 100 g gewürfelten Mozzarella daruntermischen.

Wir lieben Lasagne, aber es dauert sehr lange, bis eine „normale" Lasagne fertig ist. Diese Variante ist perfekt für ein Mittagessen, denn innerhalb einer halben Stunde ist sie fertig. Klar, die knusprige Käsedecke fehlt, aber ansonsten schmeckt die Lasagne sehr gut.

Karottenpommes

Zubereitungszeit: 15 Minuten
Backzeit: 20 Minuten

Zutaten für 1 Schale

4 dicke Karotten
1–2 EL Raps-, Kokos- oder Olivenöl
Paprika-, Räucherpaprika- oder Pommesgewürz (ohne Salz bei kleinen Kindern)
100 g Skyr, Quark oder veganer Skyr
Salz
Schnittlauch, gehackt (optional)

Zubereitung

1 Die Karotten in pommesgroße Stäbchen schneiden.

2 In eine Schüssel Öl geben, Gewürze und die Karottenstäbchen in die Schüssel geben. Gut mischen.

3 Den Backofen auf 180 °C einstellen.

4 Die Karotten auf ein mit Backpapier ausgelegtes Blech legen und ca. 20 Minuten backen, bis sie knusprig sind. Eventuell einmal wenden.

5 In der Zwischenzeit einen Dip aus Quark oder Skyr vorbereiten und mit einer Prise Salz und ggf. Schnitt vermischen.

Tipps & Varianten

- Statt Karotten passen auch Kartoffeln, gemischtes Gemüse, Kohlrabi, Kürbis oder Süßkartoffeln.
- Das Gemüse mit 1 EL Reismehl mischen und im Öl wenden. So werden die Pommes noch knuspriger.

Kinder mögen es knusprig oder paniert. Karotten-pommes sind keine ganze Mahlzeit, aber sie eignen sich als Beilage oder Snack. Wenn dein Kind Pommes mag, dann vielleicht auch diese Karotten-pommes. Ich empfehle vielen Eltern, deren Kind sehr wählerisch ist, es mal mit Karotten- oder Kohl-rabipommes zu versuchen, um das Gemüse einmal anders zu servieren.

Reis-Karotten-Kroketten

Zubereitungszeit: 20 Minuten

Zutaten für 4 Personen

150 g Saisongemüse, z. B. Karotten, Erbsen, Spinat, Kohlrabi
400 g gekochter Reis oder Risotto vom Vortag
4–5 EL Mehl
2 Eier
4 EL Appenzeller Käse, gerieben
Salz
Pfeffer
Raps- oder Kokosöl zum Braten

Zubereitung

1 Das Gemüse ganz klein schneiden, hacken oder reiben (Erbsen ganz lassen).

2 Den Reis mit dem Mehl, den Eiern und dem Gemüse gut vermischen. Den Käse daruntermischen und nach Belieben etwas salzen und pfeffern.

3 Mit zwei Löffeln oder von Hand kleine Kroketten formen. In einer Pfanne Rapsöl erhitzen und die Kroketten darin goldbraun anbraten.

Tipps & Varianten

- Für die vegane Variante die Karotten oder Kürbis oder Spinat pürieren und unter den Reis mischen. Veganen Reibekäse verwenden und genug Mehl dazugeben, bis sich Kugeln formen lassen.
- Dazu passen Ketchup, Joghurt, Crème Fraîche, (veganer) Skyr oder Apfelmus und Rohkostgemüse.

Hast du Reste von Reis oder Risotto im Kühlschrank? Oder mag dein Kind Reis nicht besonders? Dann probier es mal mit diesen Kroketten. Dabei ist es egal, welches Gemüse du dazunimmst– es passen viele Sorten. Risottoreis eignet sich hier übrigens am besten.

Karotten-Walnuss-Pesto

Zubereitungszeit: 15 Minuten

Zutaten für 1 Glas

300 g Karotten
1 Knoblauchzehe
100 g Walnüsse
100 ml Raps- oder Olivenöl
Salz
Pfeffer
100 g Parmesan oder Hartkäse, gerieben

Zubereitung

1 Die Karotten schälen und klein schneiden, ca. 5 Minuten mit wenig Wasser weich kochen. Abkühlen lassen.

2 Die Knoblauchzehe pressen, die Walnüsse grob hacken. Wer keinen leistungsstarken Pürierstab hat, kann die Nüsse eine halbe Stunde lang in Wasser einlegen.

3 Die Karotten mit Knoblauch, Nüssen, Öl und Salz und Pfeffer in einen hohen Becher geben und gut pürieren. Den Käse und eventuell etwas Wasser dazugeben, wenn das Pesto zu dick ist.

4 Mit Salz und Pfeffer abschmecken und in ein Glas abfüllen.

Tipps & Varianten

- Das Pesto hält sich gut eine Woche im Kühlschrank oder kann eingefroren werden.
- Das Pesto ohne Knoblauch zubereiten, wenn kleine Kinder mitessen.
- Für die vegane Variante 100 g veganen Reibekäse oder selbst gemachten Parmesan (siehe Seite 106) verwenden.
- Statt Walnüssen andere Nussarten verwenden.

Dieses herbstliche Pesto ist eine Alternative zu allen grünen Pestos und schmeckt wunderbar auf Pasta oder auch als Brotaufstrich. Ich habe sogar schon ein wenig vom Karottengrün daruntergemischt – schmeckt auch sehr gut und vermeidet Foodwaste. Im Karottengrün stecken viele Vitamine und Nährstoffe.

Kürbisspätzle

Zubereitungszeit: 35–40 Minuten

Zutaten für 4 Personen

220 g Kürbis (ergibt 300 g Püree)
100 g Vollkornmehl oder dunkles Mehl
300 g Dinkelmehl Type 630
100 ml Wasser
100 ml Sojamilch
1 TL Flohsamenschalen
1 Prise Kala Namak (optional und nur sehr wenig)
1 TL Salz
Rapsöl (optional zum Braten)
Toppings
Reibkäse, Schnittlauch, Kürbiskerne, gebratene Kürbisschnitze, Butter oder Margarine

Zubereitung

1 Den Kürbis klein schneiden und in wenig Wasser dämpfen, gut pürieren. Mit den anderen Zutaten in einer Schüssel zu einem homogenen Teig vermischen. Falls er zu flüssig ist, noch etwas Mehl dazugeben.

2 In einer großen Pfanne Wasser aufkochen und salzen. Mit einem Spätzlebrett oder Spätzlemaker die Spätzle in das Wasser drücken und ziehen lassen, bis sie an der Oberfläche schwimmen.

3 Kurz mit kaltem Wasser abspülen und in einer Pfanne mit etwas Rapsöl anbraten oder direkt servieren.

Tipps & Varianten

- Die Spätzle lassen sich auch mit Süßkartoffel- oder Karottenpüree zubereiten.
- Sie eignen sich auch für einen Spätzle-Auflauf.
- Spätzle lassen sich gut einfrieren.

Der Spätsommer und Herbst ist geprägt von der Kürbiszeit. Auch bei uns gibt es häufig Kürbissuppe. Wenn ich Kürbispüree übrig habe, machen wir auf jeden Fall diese geliebten Spätzle.

Kürbis-Linsen-Suppe

Zubereitungszeit: 20 Minuten

Zutaten für 4 Personen

300 g Butternutkürbis
1 Karotte
100 g rote Linsen
1 Knoblauchzehe
1 Zwiebel
1 TL Rapsöl
1 l Gemüsebrühe
100 ml Kokosmilch
Salz
Pfeffer

Zubereitung

1 Den Kürbis und die Karotte schälen und in kleine Stücke schneiden.

2 Linsen gut waschen oder kurz in Wasser einlegen.

3 Knoblauch und Zwiebel grob hacken. In einer hohen Pfanne Öl warm werden lassen, Knoblauch, Zwiebel und Linsen kurz anbraten.

4 Das Gemüse dazugeben und mit der Gemüsebrühe ablöschen. Aufkochen und ca. 10–12 Minuten köcheln lassen. Sobald die Linsen gar sind, alles gut pürieren.

5 Mit Sahne sowie Salz und Pfeffer abschmecken.

Tipps & Varianten

- Schmeckt auch gut nur mit Karotte oder Süßkartoffeln.

Kürbissuppe ist ein Klassiker und wird mit roten Linsen noch gesünder. Die Kombination rote Linsen und Kürbis ist optimal. Gerade wenn Kinder Linsen nicht besonders mögen, solltet ihr diese Suppe ausprobieren und vielleicht mit der Hälfte der Linsen beginnen.

Kohlrabischnitzel

Zubereitungszeit: 20 Minuten

Zutaten für 4 Schnitzel

- 1 kleiner Kohlrabi (4–5 Scheiben)
- 50 g + 2 EL Mehl
- 2 EL Mehl
- 100 ml Milch deiner Wahl
- Paprikapulver edelsüß
- 100 g Paniermehl
- Salz
- Rapsöl zum Braten

Zubereitung

1 Kohlrabi schälen und in ca. 0,5 cm dicke Scheiben schneiden. 5 Minuten in kochendem Salzwasser garen. In ein Sieb abgießen und mit Küchenpapier trocken tupfen.

2 In eine Schale 50 g Mehl geben. In einer zweiten Schale 2 EL Mehl mit der Milch und Gewürzen vermischen. In einer dritten Schale Paniermehl mit Paprikapulver und einer Prise Salz vermischen.

3 Nun die Kohlrabischnitzel zuerst in Mehl wenden, dann in der Mehl-Milch-Mischung und zuletzt im Paniermehl.

4 Eine Pfanne mit Öl erhitzen und die Schnitzel von beiden Seiten goldbraun anbraten.

Tipps & Varianten

- Dazu passen (vegane) Sour Cream oder ein Joghurtdip.
- Statt Kohlrabi Sellerie verwenden.
- Für kleinere Kinder fingerlange Sticks schneiden und panieren.

Kohlrabi wird normalerweise als Beilagegemüse oder in Dips serviert. In diesem Rezept bekommt das Kohlgemüse die Hauptrolle auf dem Teller, als Schnitzel passt es zu Nudeln, Reis, Polenta oder Kartoffeln.

Polenta mit farbigem Gemüse und Tofu

Zubereitungszeit: 20 Minuten

Zutaten für 4 Personen

2 Karotten
1 kleine Zucchini
½ gelbe Paprika
½ Kohlrabi
Würstchen oder Räuchertofu (optional)
500 ml Milch
500 ml Wasser
1 l Gemüsebrühe
1 EL Hefeflocken
250 g feine Polenta (5 Minuten Kochzeit)
2 EL Parmesan

Zubereitung

1 Das Gemüse schälen oder waschen und in kleine Stücke schneiden. Das Gemüse in eine Pfanne geben, mit wenig Wasser bedecken und aufkochen. 5 Minuten dämpfen, vom Herd nehmen und stehen lassen.

2 Falls Tofu oder Würstchen dazukommen, diese in eine Pfanne geben und mit wenig Öl braten.

3 Das Milch-Wasser-Gemisch in einer großen Pfanne langsam erhitzen, Gemüsebrühe und Hefeflocken daruntermischen.

4 Sobald die Flüssigkeit kocht, den Herd abstellen und die Polenta langsam in die Flüssigkeit geben. Mit einem Rührbesen sofort gut umrühren, bis die Polenta feinkörnig ist. Immer weiter rühren, damit sie nicht klumpt.

5 Vom Herd nehmen, 5 Minuten stehen lassen. Den Käse daruntermischen, abschmecken und alles zusammen servieren.

Tipps & Varianten

- Für eine Gemüsepolenta Kürbis- oder Karottenpüree in das Wasser mischen, bevor die Polenta dazukommt, oder klein gewürfeltes Gemüse, TK-Erbsen oder TK-Spinat untermischen.
- Polenta eignet sich abgekühlt sehr gut als Pizzateig.
- Streicht man Polenta aus und lässt sie abkühlen, kann man sie danach in Würfel schneiden und anbraten.

Wenn ich wenig Zeit habe, greife ich zu Polenta. Die Kinder mögen sie immer und sie ist schnell zubereitet. Ich verwende meistens Sojamilch für die vegane Variante.

Pizza-Quesadillas mit Paprika

Zubereitungszeit: 25–30 Minuten

Zutaten für 4 Personen

- 250 g Mozzarella
- 2–3 Fleischtomaten
- 1 kleine gelbe oder rote Paprika
- 8 kleine Tortillas
- 8 EL Tomatenpüree oder -soße
- 8 TL Mais
- Basilikum, frisch

Zubereitung

1 Den Mozzarella in kleine Stücke schneiden. Die Tomate und Paprika in sehr kleine Würfel schneiden, alles jeweils in eine Schale geben.

2 Einen Tortillafladen auf einen Teller legen, 1 EL Tomatensoße darauf verteilen. Dann ein Viertel einschneiden.

3 Nun auf der unteren Hälfte auf der linken Seite je 1 EL Tomaten- und Mozzarellastücke sowie Paprikastücke und Mais verteilen.

4 Die Tortilla einschlagen: von rechts nach links auf den Belag, dann einmal nach oben und zuletzt von links nach rechts, bis man ein Dreieck in der Hand hat. Die übrigen Tortillas genauso bearbeiten.

5 Eine Pfanne erhitzen und die Dreiecke in die Pfanne geben. Auf mittlerer bis kleiner Stufe ca. 10 Minuten erwärmen. Alternativ ca. 15 Minuten im Ofen bei 180 °C backen. Mit frischem Basilikum dekorieren.

Tipps & Varianten

- Für eine vegane Variante statt Mozzarella veganen Frischkäse verwenden.
- Statt mit Paprika kann man die Quesadillas auch mit anderem Gemüse, Hülsenfrüchten, Tofu, Falafel, Feta, Käse usw. füllen.

Mit diesen kleinen Wrap-Fladenbroten kann man schnelle Dreiecke backen, die mit guten Zutaten gefüllt sind. Käse lieben fast alle Kinder und so kannst du auch das eine oder andere Gemüse verstecken.

Linsenbolognese

Zubereitungszeit: 20–30 Minuten

Zutaten für 4 Personen

1 Zwiebel
2 Knoblauchzehen
130 g rote Linsen
1 Karotte
1 rote Spitzpaprika
1 EL Oliven- oder Rapsöl
1 Dose Pelati, püriert (400 g)
400 g Vollkorn- oder Dinkelpasta (z. B. Spaghetti oder Penne)
Salz
Pfeffer
Kräuter, frisch oder getrocknet (Oregano, Basilikum, Lorbeer, Rosmarin)

Zubereitung

1 Zwiebel und Knoblauchzehen fein hacken. Die roten Linsen gut waschen. Karotte schälen, Paprika entkernen. Alles in feine Würfel schneiden.

2 In einer Pfanne Öl heiß werden lassen. Zwiebeln und Knoblauch hineingeben, das Gemüse mitdünsten. Die Linsen nach 1 Minute dazugeben, kurz mitdünsten. Mit den Tomaten ablöschen, eventuell einige EL Wasser dazugeben.

3 Wasser für die Pasta aufsetzen und die Pasta nach Anleitung garen.

4 Die Soße mit Salz und Pfeffer würzen und 10 Minuten köcheln lassen, bis die Linsen und das Gemüse weich sind und die Pasta fertig ist.

5 Die Kräuter dazugeben und die Soße abschmecken.

6 Die Pasta auf Teller verteilen, die Soße darübergeben.

Tipps & Varianten

- Statt Paprika klassischen Sellerie verwenden.
- Sojahack mit roten Linsen mischen oder die roten Linsen komplett durch Soja- oder Sonnenblumenhack ersetzen.
- Die Soße kurz durchpürieren, wenn Kinder keine Linsen essen möchten.

Linsenbolognese ist der Klassiker unter den Gerichten mit Hülsenfrüchten, gerade auch für Anfänger. Ich koche immer die doppelte Menge und verwende die zweite Portion im Verlauf der Woche nochmals (meistens püriert).

Gelbe Paprikasoße mit Nudeln

Zubereitungszeit: 20 Minuten

Zutaten für 4 Personen

400 g Pasta nach Wahl
½ gelbe Paprika
1 Zwiebel
1 Karotte
200 ml Gemüsebrühe
200 ml Sahne oder Sojasahne
Salz
Pfeffer

Zubereitung

1 Wasser für die Pasta aufsetzen und nach Anleitung kochen.

2 Inzwischen Paprika, Zwiebel und Karotte klein schneiden. Das Gemüse mit der Gemüsebrühe aufkochen, bis es weich ist.

3 Mit Sahne ablöschen, gut pürieren und mit Salz und Pfeffer abschmecken.

Tipps & Varianten

- Die Soße mit Räuchertofu, veganem Geschnetzelten oder Gemüse ergänzen.
- Statt gelber Paprika rote verwenden oder die Paprika durch 100 g Blumenkohl ersetzen.

Diese milde Soße mit gelber Paprika eignet sich hervorragend als Grundlagensoße für verschiedene Gerichte. Man könnte sogar eine Suppe daraus kochen. Je mehr Karotte dabei ist, desto geringer ist der Paprikageschmack.

Flammkuchen mit Rote Bete und Gemüse

Zubereitungszeit: 30 Minuten

Zutaten für 1 Blech

1 Flammkuchenteig (aus dem Kühlregal)
1 Rote Bete, vorgekocht/vakuumiert
1 mittlere Süßkartoffel (länglich)
150 g Crème Fraîche
100 g Feta
Salz
Pfeffer
Walnüsse (optional)

Zubereitung

1 Den ausgerollten Teig auf ein Backblech legen.

2 Die Süßkartoffel schälen und mit der Roten Bete in dünne Scheiben schneiden.

3 Den Teig mit Crème Fraîche bestreichen, Feta in Stückchen brechen und mit den Gemüsescheiben darüber verteilen.

4 Mit Salz und Pfeffer würzen, optional gehackte Walnüsse darübergeben.

5 10–12 Minuten im Ofen bei 220 °C goldbraun backen.

Tipps & Varianten

- Statt Roter Bete und Süßkartoffel kann man auch Zucchini, Tomaten, Paprika, Karotte (gerieben oder in Scheiben), Zwiebelringe oder Brokkoliröschen verwenden.
- Für die vegane Variante veganen Frischkäse und Feta oder Räuchertofu verwenden.
- Für Gemüsemuffel das Gemüse klein hacken oder reiben und genug Käse verwenden.

Ein farbiger Flammkuchen im Herbst zeigt die Vielfalt des Herbstgemüses. Rote Bete wächst eigentlich den ganzen Sommer über, gilt aber eher als Wintergemüse. Belege den Flammkuchen so farbig wie nur möglich, variiere mit dem Gemüse und lass die Kinder mitmachen.

Rote-Bete-Pesto

Zubereitungszeit: 10 Minuten

Zutaten für 1 Glas

150 g Rote Bete, vorgekocht und vakuumiert
1 EL Cashewkerne
2 EL Mandeln
1 TL Kürbiskerne
2–3 EL Oliven- oder Rapsöl
1 Prise Salz
½ TL Hefeflocken
1 Knoblauchzehe

Zubereitung

1 Die Rote Bete in kleine Stücke schneiden.

2 Mit allen anderen Zutaten in einen Hochleistungsmixer geben und fein pürieren. Das Pesto sollte schön cremig sein.

Tipps & Varianten

- Dazu passen Vollkornspaghetti.
- Für die nicht-vegane Variante anstelle der Mandeln und Cashews 40 g Parmesan verwenden.
- Das Pesto hält ca. eine Woche im Kühlschrank.

Diese pinken Spaghetti muss man mögen! Dieses Pesto passt zu Pasta oder als Brotaufstrich. Mit etwas Crème Fraîche oder Joghurt vermischt wird ein Gemüsedip daraus – mal eine andere Art, Rote Bete zu servieren.

Kartoffel-Rote Bete-Puffer

Zubereitungszeit: 20–25 Minuten

Zutaten für 4 Personen

400 g Rote Bete, roh
500 g Kartoffeln, festkochend
1 rote Zwiebel
2 EL Mehl
2 Eier
1 TL Salz
Rapsöl zum Braten

Zubereitung

1 Rote Bete und Kartoffeln schälen und grob reiben. In eine Schüssel geben.

2 Die Zwiebel klein schneiden. Die restlichen Zutaten in die Schüssel geben und gut mischen. Falls die geriebenen Kartoffeln länger stehen, verlieren sie Wasser, das man abgießen kann, bevor man Mehl und Eier daruntermischt.

3 Eine Pfanne mit Öl erhitzen und darin kleine Puffer beidseitig knusprig anbraten. Die Puffer warm halten und warm servieren.

Tipps & Varianten

- Für die vegane Variante statt Eiern 2–3 EL Mehl und Maismehl dazu mischen, damit die Masse zusammenhält.
- Dazu passen Apfelmus, Quark, Crème Fraîche, Käse oder Salat.
- Zum Kennenlernen der Roten Bete am Anfang nur wenig davon untermischen, später die Menge erhöhen.

Die Puffer sind schön farbig und eine gute Gelegenheit, Gemüse unterzubringen, wenn das Kind Rösti oder Kartoffeln mag. Die Puffer sind ein super Fingerfood – so macht Essen Spaß.

Nudeln mit Zucchinisoße

Zubereitungszeit: 15–20 Minuten

Zutaten für 4 Personen

400 Penne oder Hörnchennudeln
1 große Zucchini
1 kleiner Brokkoli
1 Zwiebel
1 EL Rapsöl
100 ml Gemüsebrühe
100 ml Sahne
½ TL Hefeflocken
1 TL weißes Mandelmus
2 EL Frischkäse
Salz
Pfeffer
Kräuter (optional)

Zubereitung

1 Das Wasser für die Nudeln aufkochen und nach Anleitung kochen. Das Wasser abgießen, die Nudeln beiseitestellen.

2 Inzwischen das Gemüse waschen und klein schneiden (auch den Brokkolistrunk), die Zwiebel fein hacken.

3 In einer Pfanne Öl heiß werden lassen, Zwiebel und Gemüse kurz andünsten, mit Gemüsebrühe aufgießen und ca. 10 Minuten köcheln lassen.

4 Die Soße gut pürieren, mit Sahne, Hefeflocken und Mandelmus sowie Frischkäse verfeinern. Mit Salz, Pfeffer und ggf. Kräutern abschmecken.

Tipps & Varianten

- Für die vegane Soße einfach 100 ml Hafersahne und veganen Frischkäse oder mehr Sahne verwenden.
- Die Soße kann nur mit Zucchini, nur mit Brokkoli oder auch mit Blumenkohl zubereitet werden.

Die Zucchinisoße mit Brokkoli ist eine milde Soße, die schon für kleine Kinder geeignet ist. Sie kann etwas dickflüssiger sogar als Babybrei verwendet werden. Du kannst sie vegan oder vegetarisch zubereiten.

Zucchini-Fritters

Zubereitungszeit: 25–30 Minuten

Zutaten für 12 Puffer

4 mittelgroße Kartoffeln, festkochend
1 Zucchini
1 Ei
3 EL Mehl
Salz
Pfeffer
½ TL Zwiebelpulver
Rapsöl zum Braten

Für den Dip

100 g Joghurt
Salz
Kräuter nach Belieben

Zubereitung

1 Die Kartoffeln schälen, die Zucchini (bei Gemüseverweigerern) ebenfalls schälen. Alles an einer Reibe grob reiben.

2 In einer Schüssel Kartoffeln und Zucchini gut mischen, mit Ei, Mehl und Gewürzen zu einem Teig kneten.

3 In einer Pfanne etwas Öl heiß werden lassen und die Fritters beidseitig ca. 5 Minuten goldbraun anbraten.

4 Dazu Joghurt mit einer Prise Salz und Kräutern als Dip servieren.

Tipps & Varianten

- Für die vegane Variante das Ei weglassen und etwas mehr Mehl nehmen, sodass alles zusammenhält und für den Dip veganen Sojaskyr verwenden.
- Geriebenen Käse daruntermischen (besonders für Gemüsemuffel empfohlen).
- Als Gemüsevarianten Karotten, Kürbis, Rote Bete oder Erbsen verwenden.

Wer Rösti mag, wird dieses Fritters auch mögen. Meine Kinder mögen Fingerfood, und manchmal machen wir mit diesen Fritters ein Fingerfood-Mittagessen, so kann das Besteck in der Schublade bleiben.

Pakora mit Raita

Zubereitungszeit: 20 Minuten

Zutaten für 3–4 Personen

200 g Kürbis oder Karotte
1 kleine Zucchini
100 g Kichererbsenmehl
½ TL Backpulver
1 TL Gewürzsalz oder Salz
Pfeffer
1 Prise mildes Currypulver
1 Prise Kurkuma
Rapsöl zum Braten

Für den Dip

100 g Kokosjoghurt
Salz
1 kleines Stück Salatgurke

Zubereitung

1 Das Gemüse schälen und, fein reiben und in eine Schüssel geben. Mit dem Mehl, Backpulver sowie den Gewürzen gut zu einem eher saftigen Teig vermischen.

2 Kurz stehen und ziehen lassen. Dann eine Pfanne mit 1 EL Öl erhitzen.

3 Je 1–2 EL Gemüseteig zu einer Kugel oder einer Art Puffer formen und in die Pfanne geben, flach drücken. Beidseistig goldbraun anbraten.

4 Für den Dip den Joghurt mit 2 Prisen Salz vermischen, Gurke reiben und untermischen.

Tipps & Varianten

- Schmeckt auch lecker mit Apfelmus
- Statt Salatgurke eignet sich auch ganz klein geschnittene Tomate oder einfach nur Kokosjoghurt.

Ich liebe Pakora, eine Art Gemüsepuffer, und auch meine Söhne mögen sie sehr. Das exotische Gericht aus Indien habe ich in einer milden Variante schon oft zubereitet Die angegebene Menge für Pakora ist für eine Beilage berechnet, nicht für eine Hauptmahlzeit.

One Pot Älpler Makronen

Zubereitungszeit: 15 Minuten

Zutaten

- 400 g Kartoffeln, festkochend und Süßkartoffeln, gemischt
- 300 g Hörnchen- oder andere dünne Nudeln (Hartweizengrieß)
- 100 ml Milch
- 100 g Reibkäse
- Salz
- Pfeffer
- Zwiebeln (optional)
- Apfelmus (optional)

Zubereitung

1 Die Kartoffeln schälen und in kleine Würfel schneiden. Achtung: Süßkartoffeln sind eher gar, daher nicht zu klein schneiden.

2 In einem großen Topf Wasser zum Kochen bringen. Die Milch dazugeben und Nudeln sowie Kartoffeln hinzufügen. Alles 10–12 Minuten köcheln lassen, bis die Kartoffeln weich und die Nudeln knapp gar sind.

3 Das Milchwasser abgießen, den Käse daruntermischen, eventuell nochmals einen Schluck Milch dazugeben, mit Salz und Pfeffer abschmecken.

4 Nach Belieben mit angeschwitzten Zwiebelringen und Apfelmus servieren.

Tipps & Varianten

- Etwas Kohlrabi oder Karotten in den Teig für die Makronen mischen.
- Für die vegane Variante statt Milch veganen Haferrahm oder Sojamilch sowie veganen Reibekäse und 1 EL Hefeflocken verwenden.

Wenn es schnell gehen muss, ist ein One Pot meine Rettung. Ich muss weniger abwaschen und kann einfach alles in einen Topf geben. Noch schneller geht es, wenn ich Nudel- oder Kartoffelreste habe.

Alles-kommt-rein-Gemüsesuppe

Zubereitungszeit: 15 Minuten

Zutaten für 4 Personen

500 g Gemüse nach Wahl (Lauch, Petersilienwurzel, Kohlrabi, Blumenkohl, Karotten, Brokkoli)
100 g Kartoffeln, mehligkochend
1 große Zwiebel
1 Knoblauchzehe
500 ml Gemüsebrühe
50 ml Sahne
Olivenöl

Zubereitung

1 Das Gemüse schälen und klein schneiden, Zwiebel und Knoblauch grob hacken.

2 Die Gemüsebrühe in einen großen Topf gießen, das Gemüse dazugeben und alles aufkochen, ca. 10 Minuten köcheln lassen.

3 Gut pürieren und mit Sahne und einem Schuss Olivenöl abschmecken.

Tipps & Varianten

- Für die vegane Variante Sojasahne verwenden.
- Gemüse durcheinander vermischt verwenden, also z. B. Lauch, Karotte, Brokkoli, Kartoffeln oder nur Kartoffeln und zusätzlich ein weiteres Gemüse.
- Suppenmuffel mögen etwas Frischkäse in die Suppe.
- Die Suppe kann man auch einfrieren, wenn jedoch viele Kartoffeln dabei sind, kann sich die Konsistenz verändern.

Die Kartoffelsuppe, die jedes Mal anders schmeckt oder aussieht, ist immer lecker. Wenn irgendein Gemüse unbedingt verwendet werden muss, gibt es Suppe daraus. Kartoffeln als Grundlage machen die Suppe schön cremig, meine ganze Familie liebt sie.

Kartoffelpüree mit weißen Bohnen und Sahnegemüse

Zubereitungszeit: 30 Minuten

Zutaten für 4 Personen

900 g Kartoffeln, mehligkochend
100 g weiße Bohnen (Dose)
1 EL Butter
100 ml Milch
Gewürze nach Wahl

Für die Soße

300 g Gemüse nach Wahl, z. B. Karotten, Zucchini, Paprika, Erbsen, Blumenkohl
100 ml Gemüsebrühe
400 ml Sahne
1 TL Paprikapulver edelsüß
Pfeffer

Zubereitung

1 In einer großen Pfanne Wasser (ca. bis zur Hälfte gefüllt) aufkochen. Für das Kartoffelpüree die Kartoffeln schälen und in kleinere Würfel schneiden. Ins heiße Wasser geben und 15–20 Minuten weich kochen.

2 Bei den Bohnen das Wasser abgießen, Bohnen gut spülen und pürieren.

3 Bei den Kartoffeln das Wasser abgießen, Butter und Milch dazugeben, gut stampfen. Das Bohnenpüree und die Gewürze untermischen, abschmecken.

4 Während die Kartoffeln kochen, für die Soße das Gemüse in kleinere Stücke schneiden und in einer Pfanne mit der Gemüsebrühe dünsten, bis es noch nicht ganz gar ist.

5 Die Sahne zum Gemüse geben, mit Paprikapulver und Pfeffer würzen und aufkochen. 5 Minuten köcheln lassen.

6 Das Kartoffelpüree mit dem Gemüse und der Soße anrichten.

Tipps & Varianten

- Für eine vegane Variante statt Sahne Soja- oder Hafersahne und statt Butter Margarine verwenden.

Mit weißen Bohnen wird Kartoffelpüree noch etwas nährstoffreicher und enthält zudem wichtige Proteine. Statt weißer Bohnen kannst du es auch mit Mungbohnen, TK-Erbsen oder Kichererbsen versuchen. Oder koche ein Kartoffelpüree mit je einem Teil Süßkartoffeln, Kürbis oder Karotten.

Pommes aus dem Ofen

Zubereitungszeit: 10 Minuten

Backzeit: 20–30 Minuten

Zutaten für 3–4 Portionen

6 große Kartoffeln, festkochend
Kokos- oder Rapsöl (hitzebeständig) zum Backen
grobes Meersalz
Rosmarin
1 EL Maisstärke oder Reismehl

Für den Dip

100 g Joghurt oder Quark
Kräuter nach Belieben
Salz (optional)
Senf (optional)

Zubereitung

1 Die Kartoffeln schälen und in dünne Sticks schneiden (bei Bio-Kartoffeln kann man die Schale auch dranlassen und Wedges schneiden).

2 In eine Schüssel geben, mit Öl überträufeln und etwas Salz und Rosmarin daruntermischen. Die Maisstärke darübergeben und mit den Händen alles gut mischen.

3 Den Ofen auf 200 °C stellen und die Kartoffelsticks auf ein Backblech geben. Ca. 20–30 Minuten goldbraun backen.

4 In der Zwischenzeit den Dip vorbereiten: Joghurt oder Quark mit Kräutern und nach Belieben etwas Salz oder Senf mischen.

Tipps & Varianten

- Statt Kartoffeln Karottenpommes zubereiten (siehe S. 164) Wenn Kinder große Gemüsemuffel sind, hilft es, normale Kartoffelpommes mit verschiedenen Gemüsepommes zu mischen und zu dippen.
- Für den veganen Dip Sojaskyr verwenden.

Pommes kann es auch zu Hause geben, sogar in farbiger Variante. Mein Geheimtipp für mehr Knusprigkeit ist Reismehl: Damit werden die Pommes so knusprig wie im Restaurant.

Süßkartoffelsuppe mit Limette und Erdnuss

Zubereitungszeit: 20 Minuten

Zutaten für 4 Personen

- 1 Zwiebel
- 1 Knoblauchzehe
- 2 große Süßkartoffeln (ca. 350 g)
- Kokosöl zum Braten
- 4 EL rote Linsen
- 500 ml Gemüsebrühe
- 4 EL feines Erdnussmus
- 1 Limette
- Paprikapulver edelsüß
- Pfeffer
- 100 ml Kokosmilch zum Verfeinern

Zubereitung

1 Die Zwiebel und den Knoblauch fein hacken. Die Süßkartoffeln schälen und in kleine Würfel schneiden.

2 Das Öl in einem Topf erhitzen und die Zwiebel und den Knoblauch darin dünsten. Die Süßkartoffelwürfel dazugeben und mitdünsten. Die roten Linsen gut waschen und ebenfalls dazugeben.

3 Nach 2 Minuten mit der Gemüsebrühe ablöschen und ca. 10 Minuten kochen, bis das Gemüse und die Linsen weich sind.

4 Mit Erdnussmus und Limettensaft sowie Gewürzen und Kokosmilch abschmecken und fein pürieren.

Tipps & Varianten

- Einen Teil der Flüssigkeit durch Kokosmilch ersetzen.
- Das Rezept mit Kürbis variieren.
- Wenn du es ein wenig schärfer magst, verwende scharfes Paprikapulver.

Diese Suppe ist exotisch und wärmend. Süßkartoffeln kann man wie Kürbis verwenden, ich finde sogar, dass sie besser mit Kokosmilch harmonieren als Kürbis.

Süßkartoffel-Gnocchi

Zubereitungszeit: 20 Minuten
Backzeit: 30 Minuten/
Dämpfzeit: 10 Minuten

Zutaten für 4 Personen

3 Süßkartoffeln (ca. 750 g)

½ TL Salz

250 g Dinkelvollkornmehl oder Dinkelmehl Type 1050

1 EL Maisstärke

1 TL Olivenöl

2 EL Parmesan (optional)

Zubereitung

1 Die Süßkartoffeln einstechen und im Backofen ca. 30 Minuten backen, bis sie weich sind. Wenn es schneller gehen soll: schälen und ca. 10 Minuten in Wasser dämpfen, gut abtropfen.

2 Die Süßkartoffeln schälen und mit einer Gabel zerdrücken. Mit allen anderen Zutaten zu einem dicken Teig vermischen.

3 In einer großen Pfanne Salzwasser aufkochen (ca. bis zur Hälfte gefüllt).

4 Die Arbeitsfläche bemehlen und 4–5 Rollen aus dem Teig formen. 1–2 cm große Stücke von der Rolle abschneiden und längliche Kugeln daraus formen, mit einer Gabel leicht eindrücken.

5 Die Gnocchi ins siedende Wasser (auf kleiner Temperatur) geben und ca. 5 Minuten kochen lassen, bis sie an der Oberfläche schwimmen.

6 Abtropfen, mit etwas Olivenöl mischen und optional mit Parmesan servieren.

Tipps & Varianten

- Kartoffeln statt Süßkartoffeln verwenden oder mischen.
- Gnocchi mit Tomatensoße und Mozzarella überbacken.
- Gnocchi mit wenig Olivenöl und Salbeiblättern anbraten.

Gnocchi sind eine gute Alternative zu Nudeln und Reis und werden klassisch mit Kartoffeln zubereitet. Es geht aber auch mit Süßkartoffeln. Gnocchi sind übrigens ein super Fingerfood für kleine Kinder.

Süßkartoffel-Pancakes

Zubereitungszeit: 25 Minuten

Zutaten für 2–3 Personen (ca. 20 Pancakes)

80 g Süßkartoffeln
120 g Vollkornmehl
100 g Milch deiner Wahl
100 ml Wasser
2 EL Apfelmark
1 TL Backpulver
1 Ei
Rapsöl zum Braten

Zubereitung

1 Süßkartoffeln schälen, ganz klein würfeln und 5 Minuten in wenig Wasser weich dämpfen. Das Wasser weggießen, dann pürieren. Alternativ: roh verwenden und fein reiben.

2 Alle Zutaten in einer Schüssel mischen, sodass ein flüssiger Teig entsteht.

3 In einer Pfanne etwas Öl erhitzen und je einen Löffel pro Pancake in die Pfanne geben. Beidseitig goldbraun anbraten.

Tipps & Varianten

- Für die vegane Variante Ei-Ersatzpulver oder 1 TL Maisstärke statt Ei sowie Hafermilch verwenden.
- Dazu passen Bananen, frische Beeren, Apfelmus, Joghurt.
- Für ältere Kinder kann man auch Käse, Crème Fraîche, Mandelmus oder Hummus als Topping nehmen.

Diese Pancakes sind eines meiner ersten Pancakes-Rezepte auf meinem Blog. Es wird sehr oft für Baby-led-weaning-Kinder (vom Baby geführte Entwöhnung von der Muttermilch) verwendet, da sich die weichen Pancakes perfekt als Fingerfood eignen. Wir mögen sie süß oder pikant und auch mal in der Brotdose.

GESUNDE SNACKS UND SÜSSIGKEITEN

Fruchtspieße

Zubereitungszeit: 10 Minuten

Zutaten für ca. 10 Spieße

Äpfel
Trauben
Beeren nach Wahl
Melone
Gurke
Kirschen (ohne Stein)
Aprikosen oder Nektarine
10 Holzspieße

Zubereitung

1 Obst und Gemüse waschen und in kleine Stücke schneiden und auf verschiedenen Schälchen verteilen.

2 Die Kinder stecken die Zutaten kreativ zusammen.

Fruchtspieße machen Spaß, weil die Kinder hier kreativ sein und vielleicht sogar kleine Tierchen bauen können. Sie passen für einen Kindergeburtstag, oder wenn Kinder zu Besuch sind. Baut einen Regenbogen am Spieß!

Apfel-Zimt-Müsliriegel

Zubereitungszeit: 15 Minuten

Backzeit: 20 Minuten

Zutaten für ca. 15 Riegel

- 80 g Rosinen
- 6 EL Apfelmark
- 2 EL Sojajoghurt
- 30 g Kokosöl
- 1 EL Mandeln oder Haselnüsse
- 30 g Dörräpfel
- 130 g feine Vollkornhaferflocken
- 15 g Quinoa gepufft (oder gepuffter Reis)
- 1 Prise Salz
- 1 EL weißes Mandelmus
- 1 EL Maisstärke
- 1–1 ½ TL Zimt

Zubereitung

1 Die Rosinen mit 50 ml Wasser fein pürieren, dann mit dem Apfelmark und Joghurt vermischen.

2 Das Kokosöl schmelzen. Die Mandeln fein hacken und die Dörräpfel in feine Stücke schneiden. Alle Zutaten miteinander zu einem Teig vermischen.

3 Den Teig in Müsliriegel-Förmchen füllen und gut andrücken. Alternativ auf ein Backblech mit Backpapier geben und ca. 2 cm dick ausstreichen und nach dem Backen in Riegel schneiden.

4 Bei 180 °C Umluft ca. 20 Minuten backen.

Tipps & Varianten

- Trocken lagern.
- Für eine vegane Variante Soja- statt Naturjoghurt nehmen.
- Sind die Müsliriegel nicht süß genug, 3–5 Datteln mit wenig Wasser pürieren und untermischen.
- Zimt weglassen.
- Statt Rosinen andere Dörrfrüchte verwenden.

Diese Müsliriegel sind die beste Alternative zu gekauften Riegeln. Lass dich von diesem Rezept inspirieren und probiere aus, was bei deinen Kindern ankommt. Vielleicht weniger Kerne und Nüsse, dafür mehr Flocken und Dörrfrüchte? Oder vielleicht mehr Beerengeschmack?

Erdbeeren-Fruchtriegel

Zubereitungszeit: 20 Minuten
Ruhezeit: 2 Stunden

Zutaten für 10–15 Riegel

4 Medjool-Datteln
2 EL Cashewkerne
2 EL Mandeln
1 EL Hanfsamen
1 EL Apfelmus
1 EL Mandelmus
1 EL Sonnenblumenkerne
4 EL Haferflocken
15 g Erdbeeren, gefriergetrocknet
2 große viereckige Oblaten

Zubereitung

1 Die Datteln grob schneiden und entkernen.

2 Cashewkerne und Mandeln in eine Küchenmaschine geben und grob hacken. Die Datteln dazugeben, alles klein hacken.

3 Hanfsamen, Apfelmus, Mandelmus, Sonnenblumenkerne sowie die Haferflocken hinzufügen, ebenfalls die Hälfte der Erdbeeren.

4 Alles gut mixen, bis eine zähe, dicke Masse entsteht. Zuletzt die restlichen Erdbeeren mit dem Fingern grob zerbröseln und daruntermischen.

5 Eine Oblate auf ein Küchenbrett legen und mit den Fingern den Teig flach daraufdrücken, bis sie ganz gefüllt ist. Der Fruchtschnittenteig sollte ca. 0,5–1 cm hoch sein. Die Ecken gut ausfüllen.

6 Die zweite Oblate darüberlegen, ein zweites Küchenbrettchen darüber legen und alles mit mehreren Büchern ca. 2 Stunden beschweren.

7 Die Fruchtschnitten mit einem sehr scharfen Messer in dünne Schnitten schneiden.

Diese Riegel sehen aus wie gekauft, sind daher besonders für Kinder geeignet, die bisher gekaufte Fruchtriegel gewohnt sind. Sie passen als Snack, in die Brotdose oder als Dessert und schmecken immer. Wenn ich diese Riegel mache, gibt es immer eine größere Menge, die ich für ca. eine Woche im Kühlschrank aufbewahre.

Schneller Smoothie für jeden Tag

Zubereitungszeit: 10 Minuten

Zutaten für 2 Gläser

1 Apfel

1 reife Banane

1 Handvoll frische Blaubeeren oder Erdbeeren

4–5 Blätter Spinat oder 1 kleiner Würfel TK-Spinat

1 TL Mandelmus

Zubereitung

1 Obst und Gemüse in kleine Stücke schneiden und in einen hohen Becher geben.

2 200 ml Wasser und Mandelmus dazugeben, mit einem Pürierstab gut pürieren.

Tipps & Varianten

- Je mehr Obst dabei ist, desto süßer schmeckt der Smoothie und desto weniger schmeckt man den Spinat.
- Ist der Smoothie zu wenig süß, zwei Datteln oder mehr Banane dazugeben.
- Kürbiskerne, anderes Gemüse wie Karotte, Süßkartoffel, Blumenkohl oder Sprossen dazumischen.
- Saisonales Obst oder im Winter TK-Obst und TK-Beeren verwenden.
- Mische 1–2 EL feine Haferflocken in den Smoothie.

Dieser Smoothie passt zu jeder Jahreszeit. Im Winter nehme ich Kiwi, Orangen oder Birnen, im Sommer auch mal Beeren, Aprikosen oder Nektarinen. Immer dabei ist ein wenig grünes Gemüse wie Spinat oder Grünkohl. Im Winter funktioniert der Smoothie auch mit TK-Spinat. Nimm einfach, worauf du gerade Lust hast, und mixe es in den Smoothie.

Wassermelonenpizza

Zubereitungszeit: 10 Minuten

Zutaten für 1 Pizza

1 Mini-Wassermelone
1 Naturjoghurt
saisonales Obst und Beeren
Rosinen (optional)
TK-Beeren (optional)

Zubereitung

1 Wassermelone in Scheiben schneiden. Die größte Scheibe mit Joghurt bestreichen.

2 Und nun mit Früchten deiner Wahl belegen: Erdbeeren, Aprikosen, Heidelbeeren oder Himbeeren, ggf. mit Rosinen und/oder TK-Beeren bestreuen.

Tipps & Varianten

- Für die vegane Variante Soja- statt Naturjoghurt verwenden.
- Die Wassermelonenpizza und ggf. die restliche Wassermelone lassen sich auch einfrieren: Schneide sie vorher in Stücke.
- Für ältere Kinder zusätzlich noch Nüsse ergänzen.

Wusstest du, dass Wassermelone eigentlich ein Gemüse ist? Sie gehört botanisch gesehen zu den Kürbisgewächsen. Die Wassermelonenpizza ist der perfekte gesunde Snack für Kindergeburtstage oder wenn es heiß ist.

Zucchini-Schoko-Muffins

Zubereitungszeit: 20 Minuten
Backzeit: 20 Minuten

Zutaten für 12 Muffins

- 140 g Zucchini
- 90 g Vollkorndinkelmehl
- 150 g helles Mehl
- 125 g weiche Butter
- 1 EL Backpulver
- 1 TL Zimt
- 2 Eier
- 1 TL Backpulver
- 80 ml Milch
- 70 g Ahornsirup oder Reissirup
- 80 g Dattelsüße
- 3 EL Kakaopulver ohne Zucker
- 1 TL Vanillemark
- 30 g gemahlene Mandeln
- Puderzucker zum Bestäuben
- Walnüsse für die Deko

Zubereitung

1 Die Zucchini fein reiben. Alle Zutaten in einer Schüssel zu einem Teig mischen. In 12 Muffinformen geben und je eine Walnuss auf den Teig setzen.

2 Bei 175–180 °C ca. 20 Minuten backen (Stäbchentest nach spätestens 18 Minuten machen).

3 Sobald die Muffins abgekühlt sind, mit Puderzucker bestäuben.

Tipps & Varianten

- Für die vegane Version statt der Eier 3 EL Apfelmus und eine reife Banane verwenden.

Zucchini sind perfekt für die süße Küche. Ich mag die saftigen Muffins sehr. Wenn wir einen Kindergeburtstag haben, gibt es diese Muffins: Niemand schmeckt, dass darin Gemüse verpackt ist.

Erdbeereis am Stiel

Zubereitungszeit: 5 Minuten
Kühlzeit: 4 Stunden

Zutaten für ca. 6 Stück

200 ml Milch deiner Wahl
3 Medjool-Datteln
1 EL Cashewmus
6 große reife Erdbeeren
etwas Vanillepulver

Zubereitung

1 Datteln entkernen, klein schneiden und mit der Milch pürieren.

2 Die restlichen Zutaten dazugeben, alles gut pürieren, abschmecken und abfüllen. Für mindestens vier Stunden im Tiefkühlfach kühlen.

Tipps & Varianten

- Für die vegane Variante Hafer- oder Kokosmilch verwenden.
- Nektarine oder Banane oder Blaubeeren anstelle der Erdbeeren nehmen.
- Schokoladeneis: Statt Erdbeeren einen gehäuften EL Kakaopulver dazugeben und noch etwas Banane.
- Mit Naturjoghurt sowie Splittern aus dunkler Schokolade bekommst du ein Stracciatella-Eis.

Im Sommer machen wir mehrmals pro Woche Eis am Stiel selbst. Kauft coole Eisformen und seid kreativ mit Obst oder Kakaopulver. So habt ihr immer ein gesundes Eis zur Hand und die Kinder können selber den Geschmack wählen.

Kirschen-Nicecream

Zubereitungszeit: 10 Minuten
Gefrierzeit: 4 Stunden

Zutaten für 2–3 Becher

- 2 reife Bananen
- 2 Handvoll Kirschen (ca. 50 g)
- 1 Msp. Vanillemark
- 3 EL Hafermilch
- Kokosflocken, Kakaonibs oder Schokoladensplitter (optional)

Zubereitung

1 Die Bananen in dünne Scheiben schneiden und mindestens 4 Stunden im Tiefkühlfach gefrieren. Die Kirschen entsteinen und ebenfalls ins Tiefkühlfach geben.

2 Alles aus dem Tiefkühlfach nehmen und kurz antauen lassen oder grob trennen. Die Milch darübergeben und mit einem Pürierstab gut pürieren.

3 Sofort servieren und nach Belieben mit Kakaonibs, Schokosplitter oder Kokosflocken garnieren.

Tipps & Varianten

- Für eine nicht-vegane Version Kuhmilch nehmen.
- Für eine Schoko-Nicecream die Kirschen durch 1 EL Kakaopulver ersetzen.

Wir lieben Nicecream – die vegane Eiscreme – sehr gerne. Am liebsten mag sie mein älterer Sohn anstelle mit Früchten mit 2 EL Kakaopulver. Ich selbst mag die Variante Kirsche oder Mango am liebsten. Im Sommer habe ich deshalb immer einige reife Bananen eingefroren, um bei Bedarf ein schnelles Eis zu zaubern.

Schoko-Energyballs

Zubereitungszeit: 10 Minuten

Einweichzeit: 30 Minuten

Zutaten für ca. 10 Kugeln

- 50 g geschälte Mandeln oder Cashewkerne (oder gemischt)
- 6–7 Medjool-Datteln
- 50 g Vollkornhaferflocken (fein)
- 1 TL Kürbiskerne
- 1 EL Kakaopulver
- weißer Sesam zum Wälzen

Zubereitung

1 Die Nüsse eine halbe Stunde in Wasser einlegen, dann das Wasser weggießen.

2 Die Datteln entkernen, grob schneiden, ebenfalls die Nüsse (falls du mit dem Stabmixer mixt), dann alle Zutaten außer den Sesam in einen hohen Becher oder eine Küchenmaschine geben und alles zu einem weichen Teig pürieren. Falls der Teig zu weich ist, 1 TL Haferflocken separat zerkleinern und daruntermischen.

3 Mit der Hand kleine Kugeln formen. Sesam in eine Schüssel geben, die Kugeln darin wälzen und kühl stellen.

Tipps & Varianten

- Die Kugeln halten sich bis zu einer Woche im Kühlschrank.

Die klassischen Energyballs werden mit Nüssen und Datteln hergestellt und in Kokos gewälzt. Diese Variante hier ist reich an Eisen und schön weich. Natürlich kann man sie auch in Kokos wälzen statt in Sesam. Ich verschenke sie gerne an Mamas im Wochenbett als „Stillkugeln".

Dank

Vielen Dank an meine Söhne, die jedes meiner Rezepte getestet und für gut (oder auch mal weniger gut) befunden haben.

Danke an meine ganze Familie für die Geduld, wenn ich wieder „kurz weiterschreiben" musste und an meinen Partner, der mit den Kindern öfter mal in den Wald verschwunden ist, damit ich Zeit zum Schreiben hatte.

Danke an meine Eltern, mit denen ich mich immer inhaltlich austauschen konnte.

Danke auch an meine Social-Media-Community, die mich in dieser Zeit emotional unterstützt hat, mir immer Inputs liefert und die sich von mir inspirieren lässt.

REZEPTREGISTER

Rote Bete

Zucchini

Kartoffeln

Süßkartoffeln

Gesunde Snacks und Süßigkeiten

Gemeinsame Erlebnisse = starke Familie

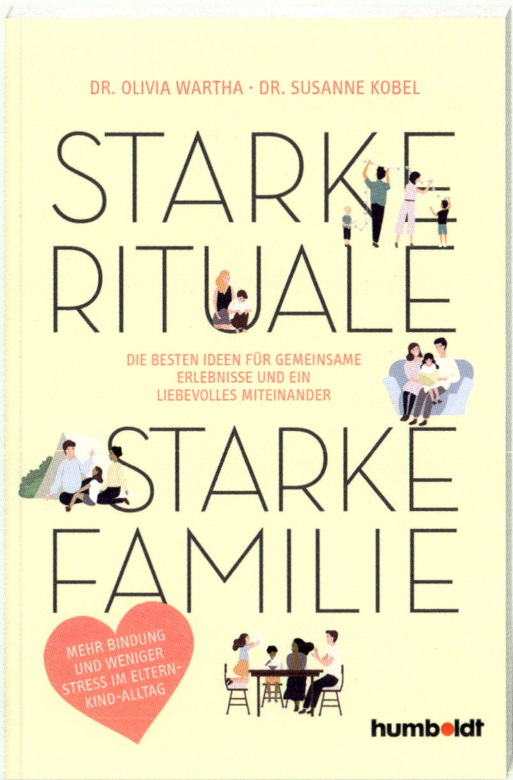

Stand 2022. Änderungen vorbehalten.

- Rituale vermindern Konflikte im Familienalltag und stärken die Eltern-Kind-Bindung
- Die besten Rituale für typische Stress-Situationen – vom Aufstehen über Zähneputzen bis hin zu Hausaufgaben und Medienzeit festlegen
- Die Autorinnen untersuchen seit vielen Jahren die Schlüssel für ein gutes Familienleben und haben viel Beratungserfahrung

Dr. Olivia Wartha, Dr. Susanne Kobel

Starke Rituale – starke Familie

184 Seiten, Softcover
14,5 x 21,5 cm
ISBN 978-3-8426-1708-7
€ 20,00 (D) / € 20,60 (A)

Der Ratgeber ist auch als eBook erhältlich.

humboldt
...bringt es auf den Punkt.

Bibliografische Information der Deutschen Nationalbibliothek
Die Deutsche Nationalbibliothek verzeichnet diese Publikation in der Deutschen Nationalbibliografie; detaillierte bibliografische Daten sind im Internet über http://dnb.ddb.de abrufbar.

ISBN 978-3-8426-1705-6 (Print)
ISBN 978-3-8426-1706-3 (PDF)
ISBN 978-3-8426-1707-0 (EPUB)

Abbildungen:
Titelmotiv: shutterstock.com - FamVeld
Rezeptfotos: Moana Werschler
Fotos S. 2, 7, 37, 59, 71, 88: Beryll Decurtins, www.bee-fotografie.ch/
stock.adobe.com: mountainbrothers: 23
Illustrationen/Icons: Stock.adobe.com: Satoshi Kikyo, Victoruler, fotomowo, j-mel, graphixmania, Graficriver, Sylfida, Bohdan, infadel, mallinka1, Hein Nouwens, HN Works

Originalausgabe

Die Ratgebermarke der Schlüterschen Fachmedien GmbH
Hans-Böckler-Allee 7, 30173 Hannover
www.humboldt.de
www.schluetersche.de

Aus Gründen der besseren Lesbarkeit wurde in diesem Buch häufig die männliche Form gewählt, nichtsdestoweniger beziehen sich Personenbezeichnungen gleichermaßen auf Angehörige des männlichen und weiblichen Geschlechts sowie auf Menschen, die sich keinem Geschlecht zugehörig fühlen.

Lektorat: Linda Strehl, wort & tat, München
Covergestaltung: ZERO, München
Layout und Satz: Die Feder, Konzeption vor dem Druck GmbH, Wetzlar
Druck und Bindung: Schleunungdruck GmbH, Marktheidenfeld